OONA HORX-STRATHERN
HOMEREPORT 2022

Impressum

Herausgeber
Zukunftsinstitut GmbH
Kaiserstr. 53, 60329 Frankfurt
Tel. + 49 69 26 48 489-0, Fax: -20
info@zukunftsinstitut.de

Geschäftsführung
Harry Gatterer

Autorin
Oona Horx-Strathern

Redaktionelle Mitarbeit
Antonia Ahner, Clara Halmdienst, Jonas Höhn, Nural Janho, Lena Papasabbas, Christina Riediger

Projektleitung
Nina Pfuderer

Lektorat
Melanie Schlachter-Peschke

Gestaltung
Theresa Duck

Illustrationen
Julian Horx

Cover-Bild
Julian Horx

Druck
Zarbock GmbH & Co. KG

Papier
Respecta 100 Silk FSC Recycled Credit

ISBN 978-3-945647-86-8

© Zukunftsinstitut GmbH,
November 2021
Alle Rechte vorbehalten.

Hinweis zum Gendering
Wir schreiben über Menschen jeden Geschlechts. Um das sprachlich zu markieren, verwenden wir neutrale Formen, Doppelformen und zudem alternierend die männliche und die weibliche Form. Wo eindeutig nur Menschen eines Geschlechts gemeint sind, ist dies kenntlich gemacht.

Inhalt

	4	Porträt
	6	Intro
	10	**WOHNTRENDS**
	18	Modulare Möbel
	26	Conscious Kitchen
	34	FurNEARture
	42	Trendwörterbuch
	50	**FACTS & FIGURES**
	51	Zukunftsmaterial Holz
	54	Küche im Mittelpunkt
	56	Kreislaufwirtschaft im Baugewerbe
	58	Spielerische Zukunftsräume in der Stadt
	60	Lebensqualität zwischen Stadt und Land
	62	**NACHHALTIGES BAUEN**
	64	Circular Building
	80	Age of Timber
	92	Certification Club
	102	**LEBENSQUALITÄT**
	104	Playful Principle
	118	Comeback des Dorfes
	132	Übersicht Home Reports
	134	Literaturverzeichnis
	136	Über das Zukunftsinstitut

Home Report 2022

OONA HORX-STRATHERN

Porträt

Porträt

"Alles bleibt anders", sagt Oona Horx-Strathern gern. Die international gefragte Wohnexpertin, Autorin und Speakerin betrachtet Trends und Veränderungen mit Neugier, Optimismus und einem kleinen Augenzwinkern. Ihr Ziel ist es, neue Perspektiven aufzuzeigen und Menschen zum Handeln zu befähigen. Dies zeigt auch eine kleine Geschichte aus ihrem Leben: Anfang der 1990er-Jahre arbeitete Horx-Strathern als Fernsehjournalistin bei einer Sendung namens „Go for Green" – eine der ersten wöchentlichen Nachrichtensendungen, die sich mit ökologischen Themen befasste. Der Fokus der Sendung lag darauf, die Zuschauerinnen und Zuschauer zu informieren und zu inspirieren, ihnen aber auch konkrete Lösungswege aufzuzeigen. Als die Satellitenfirma, über die der Sender sendete, an ein anderes Unternehmen mit anders geformten Satellitenschüsseln verkauft wurde, schlug Horx-Strathern in der Sendung kurzerhand kreative Upcycling-Ideen für die alten, unbrauchbar gewordenen Satellitenschüsseln vor.

Diesem Ansatz ist Oona Horx-Strathern in den vergangenen knapp 30 Jahren als Trend- und Zukunftsforscherin treu geblieben: Noch heute liegt es ihr am Herzen, über die großen und kleinen Veränderungen zu sprechen und zu schreiben, die Menschen im Alltag, zu Hause, am Arbeitsplatz, in den Städten oder auf dem Land vornehmen können, um ihre individuelle, aber auch unser aller Lebensqualität zu verbessern. Die Herausforderungen, mit denen wir uns heute konfrontiert sehen, sind klein und groß, weltumspannend und hautnah zugleich. Wir blicken aus einer neuen Perspektive auf die Zukunft unseres Alltags, unseres Zuhauses und unserer Arbeit. Viele Trends haben im Zuge der jüngsten Entwicklungen eine größere Bedeutung und Dringlichkeit erhalten, besonders Megatrends wie Konnektivität, Neo-Ökologie, New Work und Urbanisierung. Der sich vollziehende Bedeutungswandel und die zunehmende Wichtigkeit dieser Megatrends spiegeln sich genauso in unseren Wohnungen und unseren Büros wider wie in der Weiterentwicklung hin zu einer neuen Art von Work-Life-Blending.

Diese neuen Formen des Work-Life-Blendings haben Oona Horx-Strathern und ihre Familie während der Pandemie selbst erlebt und gelebt. So wurde beispielsweise mehr gekocht, bewusster mit Lebensmittelabfällen umgegangen, vieles wurde aufgeräumt, recycelt und neu überdacht. Um Hoffices (siehe Trendkapitel „Hoffice", Home Report 2021, S. 16; Zukunftsinstitut 2020) im Haus zu schaffen, wurden Möbel umgestellt und Zimmer umgestaltet. Außerdem wurde das gesamte Energiesystem des Hauses modernisiert, keine fossilen Brennstoffe mehr genutzt, eine effizientere Fotovoltaikanlage eingebaut und Batteriespeicher angeschafft. Damit ist das Haus zu einem Ort geworden, der mehr Energie produziert als die Familie benötigt. Während der Lockdowns bildete sich ein temporärer Drei-Generationen-Haushalt – und fand zum Beispiel unglaubliche 120 unterschiedliche Sitzordnungen für die sechs Bewohnerinnen und Bewohner am Esstisch. Damit konnten Abwechslung und neue Perspektiven in die Abendessen, die monatelang zu Hause stattfanden, gebracht werden. All diese Dinge will Oona Horx-Strathern auch im „New Normal", in dem wir uns jetzt befinden, fortsetzen. Die Bau- und Wohnexpertin ist trotz allem positiv geblieben: „Ich bin immer noch Enthusiastin – denn ich glaube nicht, dass man verantwortungsvoll Trends und Zukunft erforschen kann, ohne enthusiastisch und opportunistisch zu sein."

Home Report 2022

Intro

Zum vierten Mal präsentiert Wohnexpertin Oona Horx-Strathern in ihrem Home Report die wichtigsten Wohntrends und die aktuellsten Entwicklungen der Branche. Sie zeigt auf, wie die Auswirkungen der Coronapandemie unser Zuhause langfristig verändern, dass auch in der Baubranche Nachhaltigkeit immer wichtiger wird und wieso wir mehr Playfulness in unseren Städten und unserem Alltag brauchen.

Wir verstehen inzwischen eine simple Tatsache: „Climate is everything" (vgl. TIME 2021). Das traditionelle Bauen wird sich ändern oder sogar verschwinden müssen. Dabei bringen uns pure Lippenbekenntnisse nicht weiter, die gesamte Baubranche muss ins Handeln kommen. Wir müssen unsere Möbel, Häuser, Straßen, Städte und Umwelten grundlegend umgestalten. Und die Zeit dafür ist jetzt.

Plädoyer für mehr Playfulness

In einer Diskussion über Ästhetik sagte mir ein Architekt einmal, er wolle ausdrücklich nicht, dass Design oder Architektur ihn unterhalten. Dieser Grundsatz galt zwar eindeutig nicht für die bizarren Socken, die er zu diesem Zeitpunkt trug, aber er brachte mich zum Nachdenken über die Rolle von Playfulness, von Verspieltheit in unserer Gesellschaft. Außerdem fragte ich mich, wie – vorausgesetzt, wir schaffen es, die ganzen Spielverderber zu ignorieren – das Playful Principle in unseren Häusern, unseren Gebäuden und unseren Städten erfolgreich angewendet und umgesetzt werden kann. Playfulness wird oft mit Neuartigkeit oder Innovation gleichgesetzt, welche, wie wir wissen, sowohl gute als auch schlechte Seiten hat. Die Pandemie und die damit verbundenen Ausgangsbeschränkungen zum Beispiel waren anfangs eine Neuheit. Sie lehrten sie uns allerdings, als sie lästig und langweilig wurden, etwas über die Notwendigkeit einer anderen Form von Neuheit in unserem Leben. Dieser Home Report enthält ein „Playdoyer" (Achtung, Wortspiel!) für mehr Verspieltheit in unserem pandemieangepassten Leben – in Design, Architektur und Stadtplanung. Wenn es um die Zukunft geht, ist playful das neue smart.

Wohntrends – bewusster, flexibler, nachhaltiger

Die Küche erlebt eine Art Renaissance – als Conscious Kitchen. Vom Design bis zu unseren veränderten Ansprüchen an die Funktionalität, vom Kochen bis zur Sauberkeit, von unserer Stimmung bis zu unserem Müsli – auf all diesen Ebenen wandelt sich die Küche, erhält mehr Bewusstsein und mehr bewusste Wertschätzung von ihren Nutzerinnen und Nutzern. Der Trend zur Modularität – eines meiner Lieblingsthemen in der Baubranche (siehe Kapitel „Modulares Bauen", Home Report 2021, S. 54; Zukunftsinstitut 2020) – hat auch in der Welt der Möbel Einzug gehalten, verstärkt unter anderem dank der durch die Pandemie gewachsenen Forderung nach mehr Flexibilität in unseren Wohnungen, unseren Büros und natürlich unseren Hoffices (siehe Trendkapitel „Hoffice", Home Report 2021, S. 16; Zukunftsinstitut 2020). Dass wir vermehrt auf Regionalität achten, spiegelt sich inzwischen nicht nur in unserem Essverhalten wider, sondern auch in unseren Einrichtungsgegenständen. Lokal gefertigte Möbel aus regionalen Materialien sind zunehmend gefragt.

Nachhaltiges Bauen

Eine weitere Entwicklung im Zuge der Nachhaltigkeit ist die Diskussion um Circular Building – Bauen nach den Prinzipien der Kreislaufwirtschaft. Man weiß, dass es ernst ist, wenn Bill Gates in seinem Buch „How to Avoid a Climate Disaster" (vgl. Gates 2021) über den Charme und die Herausforderungen von Beton spricht. Ursula von der Leyen äußert sich ebenfalls zum nachhaltigen Bauen: „Wir stehen vor neuen globalen Aufgaben. Und brauchen eine neue Bewegung, die unsere Städte und unser Wohnen nachhaltiger und lebenswerter macht" (vgl. Von der Leyen 2020). Darum wird auch das Material Holz sowohl bei Möbeln als auch als Baumaterial immer gefragter – nicht nur wegen des nachhaltigen Aspekts, sondern auch in seiner Funktion als ästhetischer und haptischer Gegenpol zu unserem zunehmend digitalen Leben.

Die richtigen Dinge richtig tun

Der Journalist, Umweltschützer und Aktivist George Monbiot weist darauf hin, dass wir zu viel Zeit mit „Micro Consumerist Bollocks" (MCB, mikrokonsumistischer Schwachsinn) verbringen, zum Beispiel in Diskussionen darüber, Plastikstrohhalme oder Wattestäbchen abzuschaffen. Dabei müssten wir uns um die großen Dinge kümmern, die wirklich weitreichende Folgen nach sich ziehen. Denn „MCB" ist nur ein Verdrängungsmechanismus – weit davon entfernt, den Planeten zu retten, lenken solche Diskussionen uns von systemischen Problemen ab und untergraben wirksame Maßnahmen (vgl. Monbiot 2021).

Allerdings könnte jetzt der Zeitpunkt gekommen sein, an dem wir wirklich etwas ändern können, indem wir uns auf die wichtigen Dinge konzentrieren. Wir befinden uns in einer Plastic Hour – so nennt der Historiker Gershom Scholem die „entscheidenden Momente, in denen es möglich ist zu handeln". In der Regel erfordern Plastic Hours das richtige Zusammenspiel von öffentlicher Meinung, politischer Macht – und vor allem eine Krise, wie zum Beispiel die Coronapandemie (vgl. Packer 2020). In diesem Sinne will ich Winston Churchill zitieren: „Let's not waste a good crisis!"

IM ÜBERBLICK

Wohntrends 2022

→ **MODULARE MÖBEL:**
Flexibilisierung der Einrichtung
Flexible, veränderbare Möbelstücke helfen uns in Zukunft, unseren Alltag besser zu strukturieren. Ein Regal wird eine Trennwand, wird ein Hocker, wird ein Schreibtisch. Ein Sofa wird ein Bett, wird ein Tisch, wird ein Büro.

→ **CONSCIOUS KITCHEN:**
Küche als achtsame Unterstützung im Alltag
Die Küche wird auf ihre Ursprungsfunktionen zurückgeworfen: Als Ort, der uns ernährt, an dem wir uns wohlfühlen. Die Conscious Kitchen passt sich an unsere veränderten Bedürfnisse an und wird zur Werkbank unserer Kultur.

→ **FURNEARTURE:**
Lokal produzierte Möbel aus regionalen Materialien
Der Gegentrend zur Globalisierung zeigt sich auch in der Möbelindustrie: Ultralokal und regional sind die neuen Stichworte - das Slow Furniture Movement ist Treiber für den Wohntrend FurNEARture.

→ **TRENDWÖRTERBUCH**
Eine kleine Sammlung von Begriffen und Trends rund ums Wohnen, die man 2022 kennen muss: von Boomer Bathroom über Netflix-Effekt und Sponge City bis Zero Kilometer Materials.

→ **FACTS & FIGURES**
Die Facts & Figures zum Wohnen und Bauen dienen dazu, die Trends und Thesen im vorliegenden Report zu validieren. Sie sind als Infografiken anschaulich zusammengestellt, sodass sie auf einen Blick erfasst werden können und die Trendentwicklungen verdeutlichen.

Branchen-Insight: Nachhaltiges Bauen

→ **CIRCULAR BUILDING:**
Eckpfeiler des zirkulären Bauens
Dass die Bauindustrie eine der schmutzigsten Branchen der Welt ist, ist bekannt. Circular Building zeigt innovative Ansätze der Branche, sich auf Prinzipien der Circular Economy einzustellen: Von Rückbau über Recycling bis zu wiederverwendbaren Gerüsten ist alles dabei und zeigt, wie eine „blaue" Bauindustrie aussehen könnte.

→ **AGE OF TIMBER:**
Zukunftsmaterial Holz
Holzhochhäuser sind die Pioniere einer neuen Art des Bauens, Cross-laminated timber (CLT) ist der Protagonist. Auf der Suche nach nachhaltigeren Bauweisen wachsen Architekten und Stadtentwicklerinnen über sich hinaus. „Timber first"-Politik und innovative Wettbewerbe tun ihr Übriges: Wir befinden uns im Age of Timber.

→ **CERTIFICATION CLUB:**
Die „Alice im Wunderland"-Challenge
Transparenz und Nachhaltigkeit werden für Konsumentinnen und Konsumenten immer wichtiger. Die vermeintlich einfache Antwort darauf: Zertifizierungen und Gütesiegel! Diese erobern nun auch Bau- und Möbelindustrie. Doch welche Zertifizierungen gibt es eigentlich – und wie wird man Teil des Clubs?

Themenschwerpunkt: Lebensqualität

→ **PLAYFUL PRINCIPLE:**
Spielerische Stadt- und Raumkonzepte
Wir verbringen die meiste Zeit in geschlossenen Räumen oder in grauen Städten. Playfulness bringt Unterhaltung in unsere Wohnlandschaften und übt einen positiven Effekt auf unsere Psyche aus. Das Playful Principle zeigt auf, wieso wir alle etwas mehr Kind sein sollten und wie wir mehr Abwechslung in unser Leben bringen können.

→ **COMEBACK DES DORFES:**
Alte Strukturen für neue Gemeinschaften
Das Dorf ist nicht mehr nur öde und hinterwäldlerisch – es ist eine Lebensweise, die Wert auf Offenheit, Toleranz und Gemeinschaft legt. Corporate Villages, Shopping Villages, Tiny House Villages: Überall entstehen neue, intentionale Communitys mit dem Ziel, besser und nachhaltiger zusammenzuleben.

Home Report 2022

WOHN-TRENDS

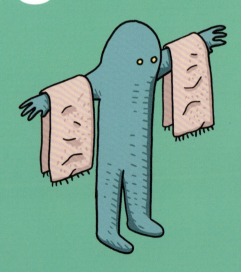

Wohntrends

—

Modulare Möbel

—

Conscious Kitchen

—

FurNEARture

—

Wohntrends

Wohntrends beschreiben die Trendentwicklungen in der Wohn- und Baubranche. Sie spiegeln die gesellschaftlich geführten Diskurse über die Frage wider, wie wir in Zukunft wohnen und leben werden. Wohntrends geben Orientierung in den dynamischen Märkten rund ums Wohnen und Bauen.

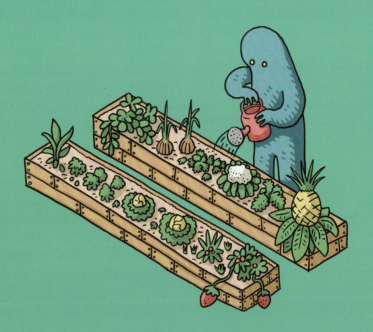

Wohntrends entstehen nicht aus dem Nichts, sondern entwickeln sich dynamisch im Zusammenspiel mit den durch das Zukunftsinstitut identifizierten Megatrends. Trends lassen sich durch die Beobachtung der Gegenwart erkennen. Um sie besser zu verstehen, hilft eine Einbettung in das Modell der Megatrends, mit dem das Zukunftsinstitut seit Jahren erfolgreich arbeitet. Die in diesem Home Report beschriebenen Wohntrends entstehen vor allem aus Trendbewegungen der Megatrends **Individualisierung, New Work, Gesundheit** und **Neo-Ökologie.**

Der Wohntrend **FurNEARture** ist ein Zeichen dafür, dass sich der Trend zur Regionalisierung und zu mehr Nachhaltigkeit nun von der Lebensmittelbranche auch auf die Möbelindustrie überträgt. Für Konsumentinnen und Konsumenten wird zunehmend wichtiger, wo und mit welchen Materialien Möbel produziert werden. Inzwischen ist vielen bewusst, dass es nicht gut für die Umwelt ist, Möbel oder Möbelteile einmal um die Welt zu fliegen oder zu verschiffen. Kundinnen und Kunden achten nun auch bei ihren Einrichtungsgegenständen darauf, dass der CO_2-Fußabdruck möglichst gering bleibt. Nicht zuletzt während der Coronapandemie wurde deutlich, wie fragil globale Lieferketten sein können und wie viel Risiko diese bergen. Der Fokus auf Nachhaltigkeit sorgt für eine neue Wertschätzung für lokale Handwerkskunst – dafür sind Konsumierende auch bereit, einen höheren Preis zu bezahlen und länger auf ein Möbelstück zu warten.

Der Wohntrend **Conscious Kitchen** entwickelt sich einerseits aus den Auswirkungen der Coronapandemie, nämlich dass Menschen mehr Zeit zu Hause verbringen und öfter selbst kochen. Somit legen sie zunehmend Wert darauf, dass die Küche ihren Ansprüchen sowohl funktional als auch emotional genügt. Im Zusammenhang mit Trendentwicklungen der Megatrends Gesundheit – ein wachsendes Bedürfnis nach Keimfreiheit –, Neo-Ökologie – Fokus auf nachhaltige Materialien – sowie Individualisierung – die Küche als Ort, an dem die eigene Identität ausgedrückt wird, an dem man aber auch mit anderen Menschen zusammenkommt – erleben wir eine Neugestaltung und neue Wertschätzung der Küche, die sich an die Bedürfnisse der Menschen anpasst.

Der Wohntrend **Modulare Möbel** ist ein Ausdruck der zunehmenden Flexibilisierung unseres Alltags sowie der durch die Pandemie befeuerten Überschneidung des Arbeits- und Privatlebens. Die Entwicklungen der Megatrends Individualisierung und New Work sorgen dafür, dass es immer wichtiger wird, Möbel modular zu gestalten. Es ist gewünscht und gefordert, dass Möbelstücke ohne großen Aufwand in sich situativ verändernde Umgebungen integriert werden können.

Wohntrends: Ein Rückblick

Genauso wie Wohntrends nicht aus dem Nichts entstehen, verschwinden sie auch nicht einfach wieder – sie entwickeln sich weiter, inkorporieren neue Dynamiken oder sind Wegbereiter für nachfolgende Trends. Nachdem der Home Report in diesem Jahr bereits zum vierten Mal erscheint, ist es Zeit für einen Rückblick. Welche Wohntrends der letzten Jahre haben sich verstärkt, welche haben sich weiterentwickelt, welche Entwicklungen wurden ausgebremst? Welche Auswirkungen haben die Coronapandemie und das „New Normal" auf Wohnen und Bauen? Oona Horx-Strathern betrachtet die bisherigen Wohntrends und ordnet sie neu ein.

Das Zuhause wird vom Wohn- zum Lebensort

Je mehr Zeit wir aufgrund der Coronapandemie in unseren Wohnungen verbrachten, desto besser lernten wir sie kennen. Uns wurde klar, was uns an ihnen gefiel und was nicht, was wir verbessern können und was nicht. Es war fast so, als hätten wir einen lang verschollenen alten Freund entdeckt. Wichtig wurde neben der Wohnung selbst auch der Außenbereich – Balkon, Terrasse, Hinterhof. Schon im Home Report 2019 wird der Wohntrend **Inside-out Design** beschrieben (siehe Trendkapitel „Insidee-out Design", Home Report 2019, S. 40; Zukunftsinstitut 2018). Dieser Trend wird offensichtlich nicht so schnell verschwinden. Hersteller bieten nicht nur immer mehr Möbel für den Außenbereich an, auch das Interesse an Kochgelegenheiten und Küchen für den Außenbereich und deren gutes Design hat zugenommen. Wir schwärmen immer noch für den Balkon (siehe Trendkapitel „Romancing the Balcony", Home Report 2021, S. 22; Zukunftsinstitut 2020) – **Balkone** sind aufgeblüht und stehen weit oben auf der Liste der Wünsche, die die Menschen hinsichtlich ihres Zuhauses haben. Damit haben sich auch die Einrichtungsmöglichkeiten verändert – von modularen Möbeln, die wieder nach drinnen gebracht werden können, bis hin zu dauerhaften Einbauten mit wetterfesten Polstern. Wir finden neue Wege, um in unserem neu entdeckten **Hoffice** (siehe Trendkapitel „Hoffice", Home Report 2021, S. 16; Zukunftsinstitut 2020) von zu Hause aus zu arbeiten. Das Hoffice ist heute mehr als ein Laptop auf dem Sofa – es geht zunehmend um Flexibilität, Modularität und darum, wie man mit dieser neuen Ebene des Work-Life-Blendings, das die Work-Life-Balance nun endgültig abgelöst hat, umgeht. Viele Menschen „entdeckten" ihre Küchen neu, statt zur Arbeit zu pendeln, nutzten sie die gewonnene Zeit fürs Kochen. Wir lernten, neu zu bewerten, was Wohlbefinden wirklich bedeutet. Diese Entwicklung zeigt sich im aktuellen Wohntrend **Conscious Kitchen** (S. 26).

Licht, Luft, Lärmqualität und Liebe sind wichtig für das Wohlbefinden

Unser Upgrade zu einem **Home Suite Home** (im Gegensatz zu Home Sweet Home, siehe Trendkapitel „Home Suite Home", Home Report 2021, S. 28; Zukunftsinstitut 2020) manifestierte sich auch in der zunehmenden Bedeutung und dem Bewusstsein für die vier Ls in unseren Wohn- und Arbeitsräumen: Licht, Luft, Lärmqualität und Liebe. Luft nicht nur im Sinne von Frische, sondern auch im Sinne von einem guten Platz zum Nachdenken, einem Balkon oder einer Terrasse. „Sich Luft verschaffen" und „den Kopf durchlüften" sind nicht nur schöne Metaphern, sondern basieren auf tatsächlichen Bedürfnissen. Auch bei Licht – sowohl gute Innenbeleuchtung als auch natürliches Licht – geht

Überblick

es nicht nur ums Sehen, sondern auch ums Denken, etwa wenn uns „ein Licht aufgeht". Lärm oder Geräusche müssen nicht zwangsläufig etwas Negatives sein. Doch Lautstärke, Geräuschqualität und individuelle Empfindlichkeiten und Vorlieben müssen bei der Planung des **Hoffice** berücksichtigt werden: Manche Menschen brauchen einen gewissen Geräuschpegel, um sich nicht gänzlich isoliert zu fühlen, andere wiederum brauchen komplette Ruhe, um produktiv zu sein. Und schließlich brauchen wir Liebe, um Zeit und Energie in unser Zuhause zu investieren. Lieben kann man zu Hause vieles, von tollem Design bis zu angenehmen Arbeitsbedingungen. Ein gutes Hoffice kann unsere geistige und körperliche Lebensqualität – und im Übrigen auch unser Liebesleben – verbessern. Eine Antwort auf die Herausforderung der individuellen Gestaltung des Hoffice liefert der aktuelle Wohntrend **Modulare Möbel** (S. 18).

Stadtkonzepte: Wir brauchen Platz

Das Konzept des **Vertical Village** (siehe Trendkapitel „Vertical Village", Home Report 2020, S. 14; Zukunftsinstitut 2019b) als Wohnform hat in den letzten beiden Jahren an Bedeutung gewonnen und viele weitere Facetten erhalten. Nicht nur das Dorfgefühl in der Stadt, sondern auch horizontale Dörfer in den Vororten oder auf dem Land werden immer stärker nachgefragt. Es geht auch zunehmend um Dinge wie die polyzentrische Stadt oder die Mikropolis.

Die Probleme, die mit **McLiving** (siehe Trendkapitel „McLiving", Home Report 2020, S. 32; Zukunftsinstitut 2019b) verbunden sind, erreichten während der Pandemie einen kritischen Punkt in Bezug auf unser Wohlbefinden – und wir sehen eine erhöhte Nachfrage nach mehr Quadratmetern. Da viele Menschen es sich nicht leisten können, aus ihren aktuellen, engen Wohnverhältnissen auszuziehen, sind sie immer mehr auf Third Places oder die Verbesserung öffentlicher Wohnräume und Flächen angewiesen. Diejenigen, die umziehen können, verlassen sich auf die flexibleren Arbeitsbedingungen der Hoffices, die es ihnen ermöglichen, weniger zu pendeln und mehr Zeit zu Hause zu verbringen. Allerdings spricht Micro Living in Form der Tiny-House-Bewegung inzwischen immer mehr Menschen an, die einen alternativen, nachhaltigeren Lebensstil und eine gleichgesinnte Community suchen. Außerdem stellen die Städte jetzt mehr Stadtmöbel auf, um dem Bedarf nach einem großen Wohnzimmer im Freien gerecht zu werden (siehe Trendwörterbuch, S. 46: One-Minute-City).

Tidyism und Craftwork erhalten neuen Schwung in der Pandemie

Der Wohntrend **Tidyism** (siehe Trendkapitel „Tidyism", Home Report 2020, S. 26; Zukunftsinstitut 2019b) wurde durch die Pandemie massiv verstärkt. Sehr viele Menschen haben die Zeit genutzt und sind Hausverschönerungen, Umstrukturierungen und Aufräumarbeiten angegangen. Die gesamte Bewegung hat einen Aufschwung erlebt – nicht nur online, sondern auch in Form von Tipps und Büchern. Inzwischen spiegelt sich der Trend sogar im Interior Design wieder: Kompaktes, flexibles Design ist wichtiger geworden – zur Aufwertung und Verbesserung unserer Räume, aber auch unseres Wohlbefindens. Auch der Wohntrend **Craftwork** (siehe Trendkapitel „Craftwork", Home Report 2019, S. 28; Zukunftsinstitut 2018) wurde durch die Pandemie verstärkt. Er ist ein interessanter Gegentrend zur zunehmenden Digitalisierung unseres Lebens. Viele Menschen griffen analoge Hobbys auf, suchten nach authentischen handgefertigten Möbeln oder fanden endlich die Zeit, zu bauen und zu renovieren oder ihre eigenen Gärten, Terrassen und Möbel umzugestalten und upzucyceln. Auch im aktuellen Wohntrend **FurNEARture** (S. 34) wird die Liebe zum Craftwork, zu handgemachten lokal hergestellten Möbeln deutlich.

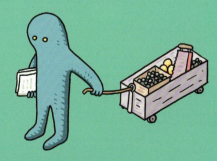

Wohntrends

Wohntrend-Map

Die Wohntrend-Map bietet eine Orientierungsgrundlage, um die vielfältigen Trenddynamiken rund ums Wohnen und Bauen einzuordnen. Die Wohntrends sind dabei nach den Megatrends geclustert, die aktuell den größten Einfluss auf die Wohnmärkte und die Baubranche haben. Häufig werden einzelne Trends nicht nur von einem, sondern von mehreren Megatrends getrieben.

Urbanisierung
- Micro Housing
- Responsive City
- Vertical Villages
- Rural Cities
- McLiving
- Condensed Spaces
- Urban Manufacturing

Mobilität
- 15-Minuten-Stadt
- Bike-Boom
- Slow Mobility
- Third Places
- Inside-out Design

Individualisierung
- Wir-Kultur
- Home Staging
- Single-Gesellschaft

New Work
- Work-Life-Blending
- Co-Working
- Hoffice

Konnektivität
- Smart Home

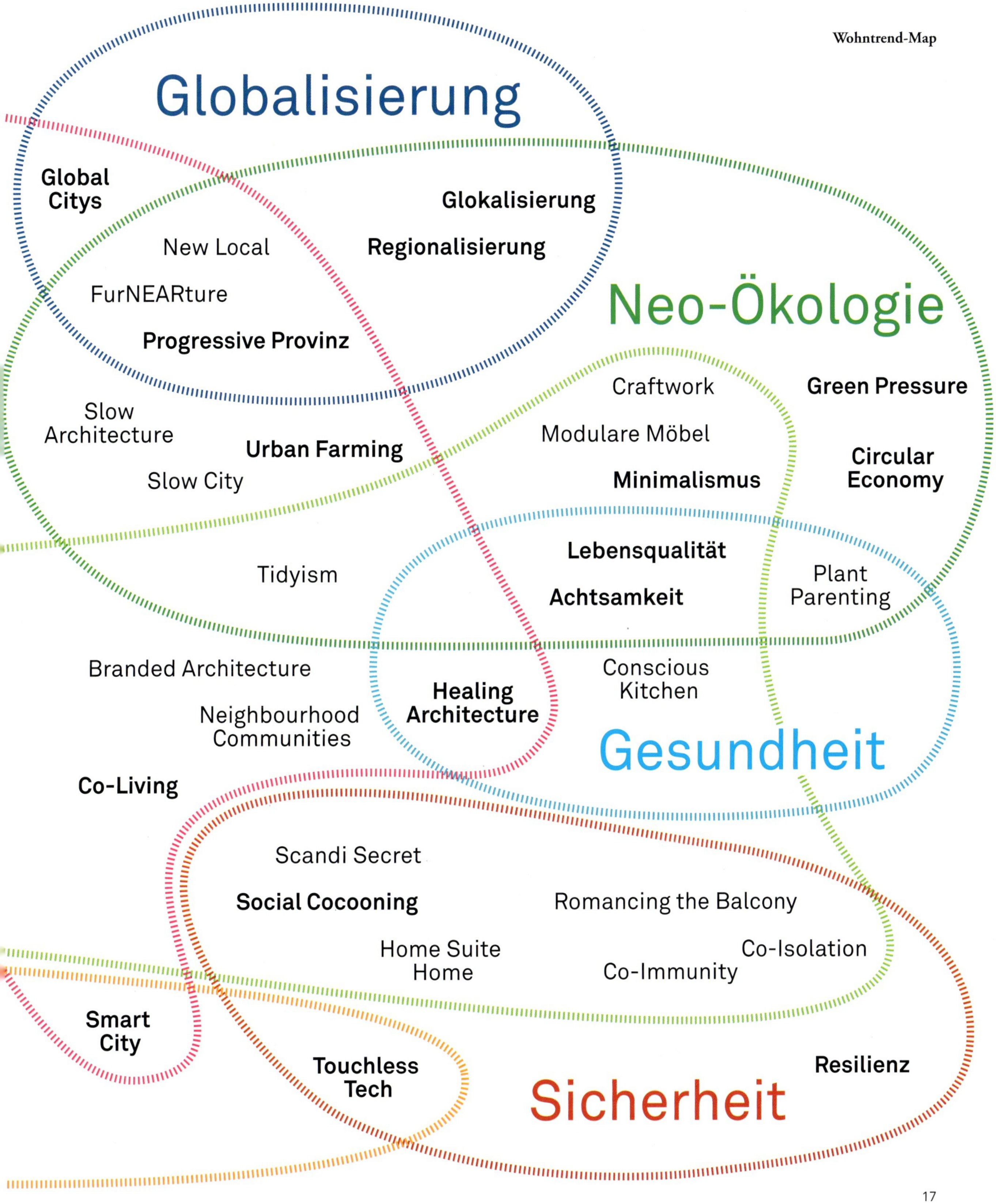

Wohntrend-Map

Globalisierung

Global Citys

Glokalisierung

New Local

Regionalisierung

FurNEARture

Neo-Ökologie

Progressive Provinz

Craftwork **Green Pressure**

Slow
Architecture
Modulare Möbel

Urban Farming
Minimalismus
Circular Economy

Slow City

Lebensqualität
Plant Parenting

Tidyism
Achtsamkeit

Branded Architecture
Conscious Kitchen

Neighbourhood Communities
Healing Architecture

Gesundheit

Co-Living

Scandi Secret

Social Cocooning
Romancing the Balcony

Home Suite Home
Co-Isolation

Co-Immunity

Smart City

Touchless Tech
Resilienz

Sicherheit

Wohntrends

Modulare Möbel

Flexibilisierung der Einrichtung

TREND 1

Unsere Lebens- und Arbeitsweise wird immer flexibler und dadurch werden es auch unsere Möbel – je nach Situation und je nachdem, was wir gerade brauchen und wollen. Modulare Möbel werden für uns zu wichtigen Wohnbegleitern, die uns pure Flexibilität ermöglichen. Mit ihrer Funktionalität und Flexibilität bieten sie uns die Freiheit, unsere Umgebung nach unseren Bedürfnissen anzupassen – sei es im beruflichen oder privaten Kontext.

Das Wort Möbel stammt vom lateinischen *mobilis* und bedeutet *beweglich*. Die bewegliche Eigenschaft von Möbeln war früher besonders wichtig: Für die Mehrheit der Bevölkerung waren Räume zwangsläufig Mehrzweckräume. Tagsüber diente ein Raum beispielsweise als Esszimmer oder Arbeitsplatz, abends wurde der Tisch weggeräumt und eine lange Sitzbank wurde zum Bett. Schlafzimmer, wie wir sie kennen, gab es nicht, lediglich bewegliche Modulmöbel, die zu Schlafstätten umfunktioniert wurden. Selbst die Oberschicht reiste mit ihren zerlegbaren Möbeln. Wie Witold Rybczynski in seinem Buch „Home" aufzeigt, zelteten die Menschen im Mittelalter eher in ihren Häusern, als in ihnen zu wohnen (vgl. Rybczynski 1986).

Modular Lifestyle

Modularität ist ein Designprinzip, das ein System in kleinere Module unterteilt, die unabhängig voneinander erstellt, modifiziert, ersetzt oder mit anderen Modulen beziehungsweise zwischen verschiedenen Systemen ausgetauscht werden können. Konkret bedeutet das: Wir können ein Objekt erweitern oder verkleinern, Teile austauschen und es neu konfigurieren. Dabei muss es nicht rein funktional sein – es kann auch Spaß machen und spielerisch sein (siehe Playful Principle, S. 104). Während der Pandemie ermöglichten modulare Außenmöbel wie beispielsweise die Parklets von Arup, die für den Einsatz vor Restaurants entworfen wurden, den Gastronomiebetrieben, sich flexibel an geltende Abstandsbestimmungen und unterschiedliche Gruppengrößen anzu-

> „Eine Couch ist heute nicht mehr nur eine Couch, sondern auch Schulbank, Homeoffice und Konferenzzimmer. Die Komplexität zur Befriedigung der Bedürfnisse hat sich massiv erhöht."
>
> Dr. Alexander Sova, Wittmann Möbelwerkstätten (vgl. Czaja 2021a)

passen. Jonathan Mottershead von Arup erklärt: „Die modularen Parklets sind so konzipiert, dass sie leicht aufgeräumt, gereinigt und abgewaschen werden können – mit flexiblen Modulen, die sich leicht bewegen lassen" (vgl. Block 2020). Auch aufgrund unseres mobilen und flexiblen Lebensstils und unserer mehrphasigen Biografien gibt es heute ein gesteigertes Interesse an modularen Möbeln für das Zuhause, das Büro und natürlich das aufkeimende Hoffice (siehe Trendkapitel „Hoffice", Home Report 2021, S. 16; Zukunftsinstitut 2020).

Da wir die Art, wie und wo wir in Zukunft arbeiten, gerade aushandeln – sowohl physisch (die Organisation des Raums) als auch mental (mit uns selbst und unserem Arbeitgeber) –, müssen unsere Möbel zunehmend mehr leisten – nicht nur in Bezug auf die Langlebigkeit, sondern auch in Bezug auf unsere Erwartungen. Ein Sofa ist zum Beispiel nicht mehr nur ein Sofa – es kann auch ein Bett, ein Raumteiler, eine Bürocouch oder sogar manchmal nur ein Ort sein, an dem man gern sitzt. Wenn wir in ein Designermöbelstück investieren, muss dieses in der Lage sein, sich mit uns zu verändern, mit uns umzuziehen, an verschiedenen Orten anpassungsfähig zu sein und verschiedene Funktionen zu erfüllen, je nach Tageszeit oder Jahreszeit – manchmal auch nach Lust und Laune.

Das Comeback der Modularität

Zur Zeit erleben modulare Möbel aus den 1970er-Jahren ein Revival. Das charakteristische Sofa „Camaleonda" von Mario Bellini ist eines der bekanntesten aus dieser Zeit. Der Name des Sofas setzt sich zusammen aus den italienischen Wörtern „camaleonte" (Chamäleon) und „onda" (Welle). Laut Bellini beschreiben diese Wörter die Form und Funktion des Sofasystems. Die aktuelle Version von 2020 ist der ursprünglichen Form und Größe – 90 mal 90 Zentimeter große Sitzmodule – treu geblieben. Das Design ist unverändert, es wird immer noch mit dem innovativen System aus Seilen, Haken und Ringen hergestellt, das Bellini 1970 erfunden hat und das den charakteristischen Look und die Modularität des Sofas bis heute definiert. Dank der Zugstangen und der Ringe können die Module nach Belieben ausgehängt und neu kombiniert werden. Was „Camaleonda" ausmacht, ist die schier unbegrenzte Modularität, wo-

MODULARE TRADITION
**BEST PRACTICE: „CHICLET MODULAR SOFA GROUP",
HERMAN MILLER**

Der amerikanische Möbelhersteller legt seinen Designklassiker, die „Chiclet Modular Sofa Group", neu auf und verbindet damit minimalistisches Design und poppige Farben. Schon die Erstauflage, die 1976 vom Designer Ray Wilkes für Herman Miller entwickelt wurde, wurde modular produziert. Unter Modularität versteht man hierbei, dass die Bestandteile einzeln in der Fabrik gefertigt werden und bereits in der Produktionsstätte zusammengesetzt werden, bevor das Möbelstück an den Kunden ausgeliefert wird. Auch das Revival der „Chiclet Modular Sofa Group" wird mit dieser bewährten modularen Fertigungsmethode hergestellt. In ihrer Funktionalität wurde die Neuauflage noch erweitert, beispielsweise mit einer Stromzufuhr-Option. Kundinnen und Kunden können zwischen dem ein-, zwei- oder dreiteiligen Modell wählen und das ikonische Sofadesign im Büro- oder Wohnzimmerkontext genießen.
hermanmiller.com

SOFA IM BAUSTEINPRINZIP
BEST PRACTICE: „COSTUME", MAGIS

Die modulare Sitzgruppe „Costume" von Magis ist nicht nur unkompliziert zu reparieren, leicht zu zerlegen und zu reinigen, sie besteht auch aus nachhaltigen Materialien. Denn sowohl im Basisteil als auch im Stoffbezug wurden recycelte Materialien verwendet. Das Vorzeigeprojekt ist gut durchdacht und passt sich durch die zahlreichen Kombinationsmöglichkeiten der fünf verschiedenen Bauelemente an die individuellen Bedürfnisse seiner Benutzerinnen und Benutzer an. Designer Stefan Diez sieht die einzelnen Module als Bausteine, mit denen unzählige personalisierte Lösungen gestaltet werden können.
magisdesign.com

durch verschiedenste geometrische Muster gebildet werden können, die die Wohnumgebung immer neu und anders gestalten (siehe bebitalia.com). Ähnlich funktioniert das Sofasystem „Curt" von Ambivalenz, bei dem Poufs zu immer neuen Sofas und Sitzlandschaften konfiguriert werden können. So kann das Produkt flexibel an die Bedürfnisse der Nutzer und Nutzerinnen angepasst werden (siehe ambivalenz.org). Genau wie beim Bellini-Sofa wird der modulare Charakter nicht versteckt – die Verbindungssysteme der Elemente sind sogar Teil des Designs. Dies ist auch der Fall bei der „Costume", einem von Stefan Diez für Magis entworfenen Sofasystem. Es ist durch und durch modular und kann vollständig in seine Bestandteile zerlegt werden. Das Design besteht aus vier Modulen – einem Sitzmodul, einer linken und einer rechten Armlehne sowie einem Pouf –, die ganz nach Belieben in zahlreichen Konfigurationen angeordnet und mit bunten Kunststoffverbindungen zusammengefügt werden können. Anders als die meisten Sofas sind sie mit Blick auf die Kreislaufwirtschaft entworfen: Die Module sind leicht zu zerlegen, zu recyceln und zu reinigen (siehe magisdesign.com). Ein modularer Klassiker ist Piero Lissonis Sofa „Extrasoft" von Living Divani: verschiedene Module aus Leder oder Stoff, die zu einer einer gemütlichen Sofalandschaft kombiniert werden können (siehe livingdivani.it). Das Unternehmen Cubit hat sich auf modulare Möbel spezialisiert. Sofas und Regale, hergestellt in Deutschland, können nach Lust und Laune modular konfiguriert werden. Während der Pandemie warb Cubit mit dem Slogan „Modular Distancing" (siehe cubit-shop.com).

Eine weitere modulare Begegnung mit der Vergangenheit ist das 1960 von Dieter Rams für Vitsœ entworfene Universalregal 606. Es wird als modulares Regalsystem fürs Leben vermarktet, das bei einem Wohnungswechsel mit umzieht. Das Motto lautet: „Fangen Sie klein an. Erweitern Sie es. Nehmen Sie es mit, wenn Sie umziehen. Konfigurieren Sie es neu. Geben Sie es weiter" (siehe vitsoe.com). Regale sind neben Sitzmöbeln sicherlich die am einfachsten zu „modularisierenden" Möbel, dementsprechend gibt es viele Beispiele für modulare Regale in allen Preisklassen, von IKEA bis zum klassischen Büro- und Wohnsystem von USM Haller. Ein eher ungewöhnliches Modell ist „Twist&Lock" des Südtiroler Designers Harry Thaler, dessen Module an traditionelle Obstkisten erinnern. Verschiedene Holzkisten lassen sich

Der Möbelhersteller Brunner zeigt, wie flexibles Bürodesign funktioniert und stellt mit seinen kombinierbaren Office-Elementen abwechslungsreiche Bürolandschaften wie diese zur Verfügung.

Foto: Brunner Group

ATMUNGSAKTIVER HINGUCKER

BEST PRACTICE: WANDGARTEN, HORTICUS

Unter dem Motto „big gardens for small spaces" produziert Horticus flexible vertikale Wandgärten, die in jedem noch so kleinen Apartment Platz finden. Das modulare System besteht aus Metallrahmen, die an der Wand montiert werden, und Terrakottatöpfen, in denen ausgewählte Pflanzen Platz finden. Des Weiteren kann man passende Rahmen hinzukaufen und die eigene grüne Wand nach Belieben erweitern, sodass die kleine Oase im Laufe der Zeit mitwächst. Die in Großbritannien gefertigte Begrünungsanlage verfügt über ein eingebautes Bewässerungssystem, mit dem sich die Pflanzen ganz einfach von oben gießen lassen. Auch Lampen und Lautsprecher lassen sich in die flexiblen Module integrieren.

horticusliving.com

durch einen einfachen Verankerungsmechanismus miteinander verbinden. Das Ergebnis ist ein skulpturales Regalsystem, das immer wieder verändert und neu konfiguriert werden kann und Platz für Bücher, Büroakten, Wein und vieles mehr bietet (siehe harrythaler.it).

Die modulare Arbeitslandschaft von morgen

In Bürogebäuden, in denen wir in Zukunft möglicherweise kurzfristig neue Vorschriften und Regelungen umsetzen müssen, können modulare Möbel eine Möglichkeit bieten, dies schnell, effizient und wirtschaftlich zu tun. Modulare Möbel sind auch von Vorteil, wenn sich die Größe der Bürofläche oder die Raumaufteilung ändert. In einem Whitepaper von Interstuhl heißt es dazu: „Es besteht eine steigende Nachfrage nach flexibel einsetzbaren, mobilen und modularen Produkten für die verringerten Büroflächen" (vgl. Interstuhl 2020). Laut Interstuhl erleben unter anderem modulare Zellenbüros ein Revival. Großraumbüros, wie sie heute oft zu finden sind, werde es in Zukunft nicht mehr geben. Stattdessen gehe der Trend hin zu abgetrennten Arbeitsbereichen, die für (hygienische) Privatsphäre sorgen – und zwar nicht zum Ärger der Mitarbeitenden, sondern zu deren Freude (vgl. ebd). Auch der schwedische Büromöbelhersteller Kinnarps betont, dass das Büro der Zukunft anpassungsfähig sein muss: „Um ein Büro so zu gestalten, dass es langfristig Bestand hat, muss es an neue Herausforderungen, wechselnde Anforderungen und unterschiedliche Präferenzen anpassbar sein" (vgl. Kinnarps 2021).

Wohntrends

Mit der Neuauflage der Designklassiker „Alcove" und „Alcove Plus" ermöglicht Vitra Privatsphäre und Komfort auch im Großraumbüro. Die dargestellten Seitenwände der Bürolandschaft lassen sich nach Bedarf abmontieren.

Foto: Vitra

Das deutsche Unternehmen Brunner stellt vielseitige, flexible und zukunftsorientierte modulare Möbelsysteme her, zum Beispiel die Serie „pads" – eine Art Baukasten, der sich an die wechselnden Anforderungen der heutigen Arbeitslandschaft anpassen lässt (siehe brunner-group.com). Während sich Möbelhersteller also auf die neuen Anforderungen an die Arbeitsplatzgestaltung einstellen, aktualisiert zum Beispiel Vitra seine Klassiker. „Alcove" und „Alcove Plus" debütierten 2007 als mobile, mikroarchitektonische Sitzgelegenheiten und sollten eine Antwort auf die aufkommende iPhone- und Apple-Tablet-Kultur und neue, lässigere Bürokonzepte sein. Die von Ronan und Erwan Bouroullec entworfenen Module lassen sich dank ihres flexiblen Designs schnell und einfach an neue Anforderungen anpassen. Gerade im Bürokontext hat Modularität auch viel mit Sicht- und Schallschutz zu tun. Vitra bietet die Lösung: Die gesteppten, stoffbezogenen Paneele schaffen einen kokon-artigen Komfort und absorbieren so gleichzeitig auch Umgebungsgeräusche. Dabei ist die weiche Ästhetik der Paneele repräsentativ für das, was CEO Nora Fehlbaum meint, wenn sie sagt, dass „das Zuhause ins Büro einzieht" (vgl. Giles 2021).

Modulare Revolution

Es hat also den Anschein, dass das Zuhause oder Büro der Zukunft modular und grün gestaltet ist. Der Architekt und Designer Giulio Cappellini erklärte gegenüber dem H.O.M.E Magazine: „Die Veränderungen in der Innenarchitektur sind sehr bedeutend. Wir haben heute ein neues Bewusstsein dafür, wie wir unsere Wohn- und Büroräume einrichten und darin leben wollen. In fünf Jahren werden die Umgebungen ganz anders aussehen als in der Vergangenheit, Technologie, Schönheit und neue Funktionen werden sich perfekt integrieren, in Räumen, die mit leichten, hybriden, transformierbaren Möbelstücken ausgestattet sind" (vgl. H.O.M.E Magazine 2021). Modularität ist weder nur eine Möglichkeit, Möbel oder ein Büro hipper aussehen zu lassen, noch nur ein Marketingbegriff. Modularität ist ein Trend, der auch die Baubranche erfasst (siehe Kapitel „Modulares Bauen", Home Report 2021, S. 54; Zukunftsinstitut 2020) und das Potenzial hat, die Art und Weise, wie wir leben und arbeiten, zu revolutionieren.

MAGNETISCHE ANZIEHUNGSKRAFT

BEST PRACTICE: MAGNET-SYSTEM, TAVAR

Aus einem Schrank wird ein Regal, wird eine Kommode, wird ein Nachttisch – mit dem patentierten Magnet-System von Tavar ist alles möglich. Denn die revolutionären Möbel des deutschen Herstellers sind mit Magneten zusammengebaut und können so je nach Bedarf umgestaltet werden. Die einzelnen Module lassen sich individuell zusammenstellen und erweitern. Das Unternehmen mit Sitz und Werkstatt in der Lüneburger Heide ermöglicht so Möbelbau ohne Schrauben, Nägel oder Leime und Klebstoffe. Durch die Magnete sind die einzelnen Bauteile fest miteinander verbunden und lassen sich dennoch jederzeit wieder lösen und anders zusammenbauen.
tavar.de

Trendprognose

Modularität ist mehr als ein Modewort – es geht um eine inhärente Anpassungsfähigkeit und Flexibilität. Da wir immer mehr von unserem Hoffice aus arbeiten, brauchen wir mehr Modularität in unserem Leben, um einen Weg zu finden, Arbeit und Privatleben zu trennen. Bei der Modularität ist auch Nachhaltigkeit ein wichtiger Aspekt: Modulare Möbel erfüllen mehr als nur einen Zweck, denn sie können flexibel für verschiedene Nutzungen eingesetzt werden. So benötigt man weniger Möbelstücke und hat mehr Abwechslung. Außerdem sind die einzelnen Module leichter austauschbar und reparierbar. Der Trend zu modularen Möbeln schlägt sich auch in der Büroeinrichtung nieder: Bürolandschaften werden in Zukunft flexibler sein müssen, um sich an Krisen anzupassen – sowohl in wirtschaftlicher als auch in räumlicher Hinsicht.

Wohntrends

Conscious Kitchen

Küche als achtsame Unterstützung im Alltag

TREND 2

Die Küche erhält ein Bewusstsein: Sie wird mehr denn je ein wichtiger Teil des Lebens – und zwar nicht nur als Show-Küche, sondern als funktionaler Begleiter, der Menschen dabei unterstützt, gesünder und bewusster zu leben. Dies spiegelt sich auch im Design, den Materialien und der Einrichtung der Conscious Kitchen wider.

Conscious Kitchen – die bewusste, achtsame Küche –, das ist kein typischer Trendbegriff. Wenn wir von Bewusstsein sprechen, meinen wir meist, dass Menschen ihre Umgebung bewusst wahrnehmen und darauf reagieren. Und genauso wie es einige Menschen gibt, die einen bewussteren Lebensstil haben als andere, könnte man sich vorstellen, dass es sowohl „achtsame" als auch „weniger achtsame" Küchen und Kücheneinrichtungen gibt. Unbewusste Küchen sind nicht funktional, passen nicht zu einem gesunden, modernen Lebensstil und können die Bedürfnisse der Bewohnerinnen und Bewohner oft nicht erfüllen – im übertragenen Sinne würde einer solchen Küche wahrscheinlich regelmäßiges Meditieren oder eine Therapiesitzung helfen. Eine bewusste, achtsame Küche dagegen passt sich an unseren Lebensstil und unsere Ernährungsbedürfnisse an und kann auch eine Krise gut überstehen. Die Rolle der Küche als zentraler Ort des Zusammenkommens wurde durch die Coronakrise gestärkt. Das wird auch an den steigenden Investitionen in der Küchenbranche sichtbar: Mit einer Umsatzsteigerung von 4,5 Prozent ist die Küchenmöbelindustrie Spitzenreiter der Branche (vgl. Statistisches Bundesamt 2021).

Die Küche als Spiegel der Seele

Die Küche sagt viel über die Bewohnerinnen und Bewohner eines Hauses aus. Jedes Element einer Küche – von den Geräten, Oberflächen und Materialien bis hin zu Aufbewahrungsmöglichkeiten und Platz in den Schränken – erzählt etwas über den Lebensstil der Menschen. Sie offenbart Essgewohnheiten und soziale Muster, sie ist ein Spiegel der wichtigsten Veränderungen und Trends in unseren Lebensstilen. In jüngerer Vergangenheit wurde die Küche oft als „Bühne des Lebens" beschrieben – als ein Ort, an dem verschiedene Identitäten auftreten und unterschiedliche soziale Situationen und „Szenen" aufgeführt werden. Dabei gab es auf der einen Seite einen Trend zu Statusküchen (viel Show, wenig Funktionalität), auf der anderen Seite sehen wir den Gegentrend: die Anti Trophy Kitchen. Die Küche tritt hier wieder eher hinter die Kulissen, aber ohne das staubige Hinterzimmer-Image vergangener Zeiten. Sie wird vermehrt für ihre ursprüngliche Funktion – nämlich als Ort der Nahrungszubereitung – geschätzt (siehe Kapitel „Trendwörterbuch", Home Report 2021, S. 35; Zukunftsinstitut 2020).

Innenarchitektin und Beraterin Michelle Ogundehin ist sicher, dass in der Innenarchitektur zukünftig auch vermehrt auf mögliche Infektionsrisiken geachtet wird: „Form follows infection", formuliert sie plakativ (vgl. Ogundehin 2020). Die Angst vor zukünftigen Pandemien wird ihrer Meinung nach dazu führen, dass auch in die kleinste Wohnung noch eine Speisekammer eingebaut wird, um ein Gefühl der Sicherheit und des Vorbereitetseins zu vermitteln. Ogundehin geht davon aus, dass Abstell- und Hauswirtschaftsräume in Zukunft so gestaltet werden, dass sie mehr Platz für zusätzliche Gefrierschränke oder Regale bieten (vgl. ebd.).

Auch das Küchendesign war lange Zeit vom Trend der Küche als sozialer Treffpunkt geprägt. Dies zeigte sich in der Gestaltung und Aufteilung von Wohnungen: Die offene Wohnküche war das Kennzeichen eines erstrebenswerten Zuhauses. Mit der unverhofften Ankunft des Hoffice (siehe Trendkapitel „Hoffice", Home Report 2021, S. 16; Zukunftsinstitut 2020) wird die Funktionalität von Küchen nun wieder wichtiger. Denn wenn wir mehr von zu Hause aus arbeiten, kochen wir auch mehr zu Hause und benötigen mehr Platz für die Lagerung von Lebensmitteln. Langfristig wird sich zudem der Wohnraum an die veränderten Bedürfnisse anpassen. Eine differenziertere Raumplanung, weg vom offenen Wohn-Ess-Bereich hin zu eher geschlossenen Räumen, zum Beispiel mithilfe beweglicher Trennwände, wird populärer. Natürlich wird der offene Wohn-Ess-Bereich nicht komplett verschwinden, Ogundehin betont jedoch die Wichtigkeit von Rückzugsorten in der Wohnung: „Die psychische Gesundheit wird immer leiden, wenn es keine Möglichkeit gibt, sich dem Strudel des Lebens zu entziehen" (vgl. Ogundehin 2020).

Von steril bis holzig

Was das Design von Küchenarbeitsplatten und -schränken betrifft, so meldete die Home-Website Houzz kürzlich einen Anstieg der Suchanfragen nach „weißen Küchen", was auf einen durch die Coronapandemie ausgelösten Wunsch nach sauber aussehenden Küchenräumen zurückzuführen sein könnte (vgl. Burt 2020). Weiß ist allerdings nicht gleich Weiß. Das Unternehmen Poggenpohl hat auf den neuen Trend zu weißen Küchen mit einer ganzen Palette verschiedener Weißnuancen reagiert – damit ist Weiß nicht steril, sondern sexy. Im Zuge des immer wichtiger werdenden Themas Hygiene wirbt zum Beispiel die Iris Ceramica Group mit keramischen, selbstreinigenden Oberflächen, die gegen SARS-CoV-2 und andere Mikroorganismen schützen sollen. Der Armaturenhersteller Grohe verzeichnete einen Anstieg der Bestellungen für berührungslose Armaturen mit Infrarot-Technologie (vgl. Grohe 2021). Darüber hinaus hält ein zweites Waschbecken zum Händewaschen immer öfter Einzug in das gehobene Küchendesign (vgl. Cartner-Morley 2021).

Wie so oft bei Trends gibt es mehrere Strömungen und Ausprägungen. Neben dem Interesse an Küchen mit einem eher sterilen Design werden auch natürlich wirkende Küchen immer beliebter: Durch die Verwendung von Holz und anderen nachhaltigen Hero Materials (siehe Kapitel „Hero Materials", Home Report 2021, S. 104; Zukunftsinstitut 2020) sind Küchen taktil ansprechend und strahlen Wärme aus. Inzwischen gibt es Küchen, deren Innenausstattung zu 100 Prozent aus Holz besteht. Durch das Holz sind die Küchen antibakteriell, antistatisch sowie frei von schädlichen Chemikalien und ermöglichen so eine hygienische Lebensmittelaufbewahrung. Dadurch, dass wir uns unserer Gesundheit und Ernährung bewusster werden, beschäftigen wir uns natürlich zusätzlich damit, auf welchen Materialien wir unser Essen zubereiten und wo wir es aufbewahren. Natürlich und

Die Conscious Kitchen passt sich an die neuen Werte und Bedürfnisse ihrer Bewohnerinnen und Bewohner an.

MICROGREENS AUS DER EIGENEN MINIFARM

BEST PRACTICE: „PLANTCUBE", AGRILUTION

Mit dem „Plantcube" des Münchner Unternehmens Agrilution lässt sich eine Vielzahl an Kräutern direkt in der eigenen Küche anbauen, auch ohne grünen Daumen. Denn die vertikale Minifarm verfügt über einen in sich geschlossenen Wasserkreislauf sowie automatisierte, optimale Beleuchtung. So gedeihen frische Kräuter für Tee oder Pesto und ausgefallene Microgreens – junge, essbare Keimpflanzen für die Garnierung von Gerichten – unabhängig von Lage und Sonneneinstrahlung in der Küche. Nachdem man die Samen, sogenannte Seed Bars, eingesetzt hat, kann man über eine App den Wachstumsprozess der Greens mitverfolgen und wird darüber informiert, welche Kräuter bald erntereif sind. Die angebauten Greens sind voller Nährstoffe und treffen somit den Geschmack aller, die einen gesunden Lebensstil verfolgen.

agrilution.de/plantcube

Foto: The Subdivision

Wohntrends

Foto: Maximilian Goedecke

DURCH UND DURCH HOLZ
BEST PRACTICE: „KONVENT KITCHEN", DER RAUM

Die auf Maßanfertigungen spezialisierte Tischlerei Der Raum aus Berlin setzt bei der Umsetzung ihrer „Konvent Kitchen" ganz auf den Rohstoff Holz und fertigt die gesamte Innenausstattung der Küche aus hellen, einladenden Holztönen. Von der Wandverkleidung über die Schränke bis hin zum Innenleben der Schubladen wird alles aus dem natürlichen, antibakteriellen, antistatischen Material hergestellt. Somit sind die Lebensmittel auch keinen chemischen Schadstoffen ausgesetzt. Als natürlicher und nachwachsender Rohstoff spiegelt Holz die bewusste, achtsame Philosophie des Familienunternehmens in zweiter Generation wider. Die Tischlerei sourct ihre Rohstoffe außerdem ohne Zwischenhändler und zusätzliche Umverpackungen, um ihren ökologischen Fußabdruck zu minimieren.
der-raum.de

VON BLAUER LAVA UND EISSCHOLLEN-WEISS
BEST PRACTICE: OBERFLÄCHENINNOVATIONEN, POGGENPOHL

In seiner neuesten Kollektion setzt der älteste Küchenhersteller Deutschlands ganz auf Innovation und bringt ungewöhnliche Farben und originelle Materialien ins Spiel. So präsentiert das Unternehmen beispielsweise Oberflächen aus emailliertem Lavagestein in tiefem Ozeanblau, die im Herstellungsprozess bei großer Hitze mit Glasemaille versiegelt werden. Dass Innovation und Tradition keine Gegensätze sind, beweist das Unternehmen auch mit weißen Arbeitsplatten aus Glaskeramik, die an Eisschollen erinnern. Das aufwendige Verfahren, bei dem recycelte Glasscherben eingeschmolzen werden, verleiht jedem Stück eine individuelle Struktur. Poggenpohl wendet das gleiche Schmelzverfahren auch mit recycelten grünen Glasscherben an und erzeugt ein zartgrünes, schimmerndes Finish. Darüber hinaus präsentiert der Küchenhersteller Schubladensysteme, in denen Lebensmittel fachgerecht gelagert und aufbewahrt werden können. Die Ausstattung der Laden kann individuell zusammengestellt und optisch an die Arbeitsplatte angepasst werden.
poggenpohl.com

KERAMIK GEGEN KEIME

BEST PRACTICE: „ACTIVE SURFACES", IRIS CERAMICA

Die „Active Surfaces" des italienischen Unternehmens Iris Ceramica werden den neuen Ansprüchen moderner Lebensweisen und gesunder Lebensstile mehr als gerecht. Die Keramikoberflächen stoppen Biofilmbildung und sind darüber hinaus selbstreinigend, antibakteriell und antiviral. Dadurch sind die Flächen auch einfacher und schneller zu reinigen, ohne aggressive Reiniger einsetzen zu müssen. Die patentierte Technologie zersetzt außerdem schlechte Gerüche und wird zu 40 Prozent aus recyceltem Material hergestellt. Seit seiner Erfindung 2009 wurde das eco-active Material mehrfach ISO- und UNI-zertifiziert und findet nicht nur als Küchenoberfläche, sondern auch als Gebäudefassade oder in einem italienischen Krankenhaus Verwendung.

irisceramica.com/active

Wohntrends

Die smarte Küche ist tot, es lebe die bewusste Küche.

funktional gestaltete Küchen vermitteln uns ein Gefühl der Ruhe und Geborgenheit. Dabei können auch auf den ersten Blick skurrile Designs ansprechend sein: So bringt Poggenpohl blau emaillierte Lavaplatten in Kombination mit Astfichte ins Küchendesign ein – obwohl die Farbe Blau bei Lebensmitteln eigentlich mit Ungenießbarkeit assoziiert wird. Weil beide Materialien haptisch warm sind und fast ursprünglich wirken, wirkt das Design trotzdem einladend.

Food-Trends beeinflussen die Küche

Die Debatte darüber, wie smart eine Küche sein muss und wie viele Geräte wir wirklich brauchen, hat während der Pandemie etwas an Schwung verloren. Manche Menschen legen viel Wert auf futuristische Gadgets in der Küche, aber am Ende profitieren wir nur von den neurologischen Vorteilen – der Ausschüttung von Dopamin und Oxytocin –, wenn wir selbst kochen, statt es Robotern oder programmierten Geräten zu überlassen.

Eine bewusstere und achtsamere Küchenkultur bezieht sich allerdings nicht nur auf das Kochen, die genutzten Materialien oder die Hygienevorkehrungen, sie spiegelt sich ebenso in den steigenden Verkaufszahlen von Kochbüchern und Kochgeräten wider. Genauso zeigt sich der Trend zur Conscious Kitchen bei der Verwendung von qualitativ hochwertigen, lokalen und frisch zubereiteten Zutaten, der Vermeidung von Food Waste sowie dem Ritual des gemeinsamen Essens.

Die Conscious Kitchen passt sich an die neuen Werte und Bedürfnisse ihrer Bewohnerinnen und Bewohner an: Nachhaltige Ablagemöglichkeiten, Arbeitsflächen und Werkzeuge unterstützen den Wandel hin zu bewusstem Kochen und Essen. So wirbt Poggenpohl mit einer Kampagne für die Verwendung von Schubladen zur Aufbewahrung von Lebensmitteln, die nicht im Kühlschrank gelagert werden sollten. Wenn wir bewusster mit Lebensmitteln umgehen, steigt auch unser Bewusstsein für Design, Material und Qualität unserer Küche. Wenn wir vegan kochen, ist es naheliegend, auch eine nachhaltige oder sogar vegane Küche zu wollen, bei deren Herstellung zum Beispiel auf Wolle, Seide oder Leder verzichtet wird. Genauso ist es bei einer gesunden Ernährungsweise nicht weit hergeholt, eigene Kräuter in der Küche anzupflanzen, zum Beispiel in Form des „Plantcube" – eine vertikale Minifarm für zu Hause (siehe agrilution.de/plantcube). Wer nicht so viel Platz zur Verfügung hat, kann mit dem dekorativen „LivePicture GO" Kräuter und Pflanzen an der Wand züchten (siehe mobilane.com/de/produkte/livepicture-go).

Nicht nur ästhetisch, sondern auch sozial und räumlich haben sich die Wahrnehmung und der Anspruch an die eigene Küche verändert. Die Küche kann uns eine mentale Pause von unserem Arbeitsleben bieten. Hier schalten wir in einen anderen Modus um – den der Kreativität, der Geselligkeit und des Genießens. Die Küche ist nicht mehr nur das Herzstück der Wohnung, sondern der Motor, der uns antreibt und mit Energie versorgt. Wenn wir von zu Hause aus arbeiten, können wir die Zeit, die wir normalerweise auf dem Nachhauseweg von der Arbeit im Stau verbracht hätten, zum Kochen nutzen: Kochen ist sozusagen das neue Pendeln. Tatsächlich gab laut Ernährungsreport 2020 fast ein Drittel der Befragten an, dass sie in der Coronakrise mehr kochen als vorher (vgl. BMEL 2020). Wenn wir mehr Zeit zu Hause oder im Hoffice verbringen statt unterwegs zu sein, geben uns feste Essenszeiten Struktur. Der von Food-Trendforscherin Hanni Rützler beschriebene Trend zur Snackification (siehe Kapitel „Snackification", Food Report 2020, S. 22; Zukunftsinstitut 2019a) geht zurück. Sogar die jüngere Generation hat begonnen, mehr zu kochen, neue Dinge auszuprobieren und mehr geplante, regelmäßige Mahlzeiten zu genießen.

Conscious Table

Das gestiegene Bewusstsein bezieht sich neben der Auswahl der Lebensmittel und dem Kochen auch darauf, wo wir essen. Nahm man vor Corona noch öfter im Stehen oder unterwegs Mahlzeiten zu sich, so hat sich das nun gewandelt – der Esstisch übernimmt eine zentrale Funktion. Er ist in vielerlei Hinsicht die Werkbank unserer Kultur – eine Repräsentation des Zustands der Bewohner, der Familie, der Kommunikation und der körperlichen und geistigen Gesundheit der Menschen, die an ihm sitzen. Das gemeinsame Kochen und Essen gab (und gibt) uns Struktur und ein Gefühl von Zufriedenheit, Sicherheit und Zugehörigkeit. Und der Esstisch kann außerdem für Abwechslung sorgen: Ab und zu den Platz am Esstisch zu wechseln, fördert nicht nur eine andere Perspektive, sondern zudem neue Gespräche und Interaktionen.

Ernährungsexpertin Hanni Rützler geht davon aus, dass die grundlegenden Veränderungen in unserer Esskultur irreversibel sind und dass dies weitreichende Auswirkungen sowohl auf die Gestaltung unserer Küche sowie auf unsere Küchenkultur haben wird. Deshalb hat Rützler eine Online-Plattform eingerichtet, auf der visionäre Küchenausstatter als Reaktion auf das gestiegene Interesse am Kochen ihr Verständnis für zukünftige Entwicklungen vertiefen und Visionen für die Kochumgebung von morgen entwerfen können (siehe futurekitchen.eu).

Trendprognose

Die Küche als Ganzes entwickelt sich weiter. Sie stellt sich darauf ein, dass mehr Menschen für sich selbst kochen, neue Gerichte ausprobieren und sich Zeit nehmen, gemeinsam zu essen. Nachhaltige Materialien gewinnen zunehmend an Bedeutung, da wir uns der Inhaltsstoffe unserer Nahrungsmittel und der uns umgebenden Materialien bewusster werden. Weder möchten Menschen heute eine reine Statusküche, noch geben sie sich mit einer Mikrowelle als Küchenersatz zufrieden: Es gibt einen wachsenden Trend zu mehr funktionaler Vertrautheit und Authentizität im Küchendesign. Die Küche spielt also weiterhin eine wichtige Rolle im Theater des Lebens, aber weniger als Bühne, sondern eher als „Werkstatt" für mehr Lebensqualität, die unsere neuen, durch Work-Life-Blending hervorgerufenen Bedürfnisse optimal unterstützt.

Wohntrends

FurNEARture

Lokal produzierte Möbel
aus regionalen Materialien

TREND 3

Der Megatrend Nachhaltigkeit hat auch die Möbelindustrie erreicht. Vermehrt wird nicht nur auf die Materialien und die Produktionsbedingungen geachtet, sondern auch darauf, wo das verwendete Material herkommt. So wie in der Modeindustrie Fast Fashion immer mehr verpönt ist, wird auch in der Möbelindustrie zunehmend Wert darauf gelegt, dass Möbel nachhaltig und vor allem lokal produziert werden. Der Wohntrend FurNEARture drückt das Streben nach lokaler Herstellung und die Einbindung regionaler Materialien aus.

Bei Möbeln liegt zwischen Produktions- und Verwendungsort oftmals eine weite Strecke. Außerdem werden bei der Herstellung häufig Materialien verwendet, die ebenfalls von weit her stammen. Sowohl Einzelteile als auch ganze Möbelstücke sind also manchmal schon über mehrere Länder und Kontinente gereist, bevor sie bei uns ankommen. Bei trendigen Möbeln aus Tropenhölzern wie Teak, Bambus oder Schilfrohr kann man also schnell ein schlechtes Gewissen bekommen. Solche Möbel, die weite Wege zurücklegen, bevor sie im eigenen Zuhause ihren Platz finden, nenne ich FARniture.

→ Furniture	Möbel (englisch)
→ FARniture	Möbel, bei welchen zwischen Herkunft der Materialien, Produktionsstandort, Lagerstätte und Zielort weite Strecken liegen
→ FurNEARture	Möbel, die aus lokalen Materialien produziert und in der Region hergestellt werden

Wohntrends

Doch es geht auch anders: FurNEARture, eine Wortkreation meinerseits, bezeichnet Möbel, die so lokal wie möglich hergestellt werden und aus Materialien bestehen, die ebenfalls lokal oder regional bezogen werden. Sie kommen also aus der Nähe und weisen einen weitaus geringeren CO_2-Fußabdruck auf als FARniture. Die Auswirkungen der Coronapandemie haben den Trend zu lokalen Möbeln nochmals verstärkt. Floris Tegetthoff, Inhaber von dasmöbel in Wien, beschreibt diese Entwicklung: „Die weltweiten Lieferschwierigkeiten haben uns die Schattenseite der Globalisierung vor Augen geführt." Er beobachtet einen eindeutigen Trend in Richtung regionale Rohstoffe und lokale Produktion (vgl. Czaja 2021b).

Neo-Ökologie beeinflusst die Möbelbranche

Der Megatrend Neo-Ökologe und das steigende Interesse an Nachhaltigkeit in all ihren Facetten führt dazu, dass viele Branchen zunehmend den Weg, den ihre Ressourcen zurücklegen, überdenken. Vor allem die Lebensmittelbranche ist hier Vorreiterin – nicht zuletzt aufgrund des stärkeren Drucks von Konsumentenseite. In Supermärkten werden regionale Produkte angeboten, lokale Bauernmärkte gewinnen an Beliebtheit. Was in dieser Branche also schon teilweise umgesetzt wird, bedeutet für die Möbelherstellung und die Bauindustrie noch eine große Herausforderung. Doch auch in Letzterer werden Fortschritte bei der Beschaffung oder Wiederverwendung lokaler Materialien gemacht (siehe Trendwörterbuch, S. 42: Zero Kilometer Materials).

Der nächste Schritt besteht demnach darin, auch bei Möbeln lokale Materialien zu verwenden. Noch hinkt die Möbelindustrie hinterher, doch es gibt ein immenses Potenzial für die Interior-Branche, sich mit diesem neuen Ansatz zu vermarkten und zu positionieren, indem die nahe Herkunft der Materialien, der Produktion und sogar der Handwerkerinnen und Handwerker und anderer Mitarbeitenden betont wird. Das würde bedeuten, dass Unternehmen mit lokalen Designern und Designerinnen zusammenarbeiten, nahe gelegene Fabriken und Werkstätten nutzen sowie die Materialien selbst – von Holz bis Wolle und von Schaumstoff bis Stoff – lokal und regional beziehen.

LOKALES LEDER

BEST PRACTICE: SMÅLANDS SKINNMANUFAKTUR UND GERBEREI TÄRNSJÖ

Das Designstudio Smålands skinnmanufaktur kreiert und produziert Einrichtungsgegenstände und Wohnaccessoires mit Alleinstellungsmerkmal. Die Regale, Garderoben oder kreativen Hängesysteme (beispielsweise ein Lederriemen für Magazine) aus hellem Holz und Lederbestandteilen folgen der typischen, reduzierten Ästhetik skandinavischen Designs und sind allesamt handgemacht in Schweden. Das Unternehmen nutzt Produktionsstätten in oder nahe der südschwedischen Provinz Småland, welche dem Label seinen Namen gibt. Ein zentraler Zulieferer ist die Gerberei Tärnsjö. Dort werden nur Häute aus einem Umkreis von 50 Kilometern gegerbt, die als Nebenprodukt der lokalen Fleischproduktion anfallen. Mit ihrem jahrtausendealten, pflanzlichen Produktionsverfahren ist Tärnsjö außerdem die einzige zertifizierte, umweltfreundliche Gerberei – die Zertifikate von TÜV und Organic 100 können auf der Website des Lederherstellers eingesehen werden.

smalandsskinnmanufaktur.se/en
tarnsjogarveri.com

Foto: Smålands skinnmanufaktur

> „We are extremely conscious of our impact on the environment and always consider the long term impact our designs have on landfill, obsolescence and waste."
>
> Catherine Cunningham, Woodmancote Retro (vgl. Doherty 2019)

Lokale Materialien, lokale Herstellung

Weltweit gibt es bereits einige Unternehmen, die nach diesem Prinzip arbeiten. Woodmancote Retro aus Großbritannien hat sich auf Midcentury-Design spezialisiert und stellt funktionale, ergonomische und langlebige Möbelstücke her. Das Ethos des Unternehmens besteht darin, alle Materialien in Großbritannien zu beziehen, idealerweise in einem Umkreis von 100 Meilen um die eigene Werkstatt in den Stroud Valleys in Gloucestershire. Denn dem Unternehmen ist bewusst, dass der Versand billiger, minderwertiger Waren über große Entfernungen drastische Auswirkungen auf den Planeten hat. Außerdem arbeitet Woodmancote Retro mit gleichgesinnten Handwerkern und Herstellerinnen zusammen, um seine Möbel zu schmieden, zu schweißen und zu gießen. Ein charakteristisches Möbelstück von Woodmancote Retro ist der Pill Stool – die Sitzflächen werden nachhaltig beschafft und aus recycelten Harthölzern, lokal angebauter Esche oder aus recycelten Kosmetikflaschen hergestellt (siehe woodmancoteretro.com).

Die Vermont Woods Studios in den USA legen ihren Fokus auf regionale Materialien und den Schutz des Waldbestands. Sie stellen all ihre Betten, Bücherregale und Esszimmertische aus lokalem Holz her – so lokal, dass es nicht weiter als 500 Meilen vom Produktionsstandort entfernt ist. In der Produktion wird außerdem Abfall reduziert, indem Holzspäne zum Heizen der Räume verwendet werden und Sägemehl an örtliche Bauernhöfe gespendet wird. Die Vermont Woods Studios pflanzen zwei Bäume für jede Bestellung, die sie erhalten. Inzwischen wurden dadurch über 50.000 Bäume gepflanzt und die Wiederaufforstung im Amazonasgebiet und im Biosphärenreservat Mariposa Monarca in Mexiko unterstützt (siehe vermontwoodsstudios.com).

Opendesk geht noch einen Schritt weiter: Das Unternehmen ist auf Holzmöbel und Büroeinrichtungen spezialisiert und versteht sich als Designplattform, die ein Netzwerk zwischen Kundinnen und Kunden und unabhängigen lokalen Handwerkerinnen und Herstellern aufbauen will. Kundinnen können sich online für ein Design entscheiden und dieses bei einem Handwerksbetrieb in ihrer Nähe beauftragen, wo das Möbelstück dann produziert wird. Opendesk will die Art und Weise, wie Möbel hergestellt werden, verändern, indem Möbel genau dort produziert und gebaut werden, wo sie auch gebraucht werden. Das Ziel von Opendesk ist es, die gerechteste und am besten verteilte Lieferkette der Welt aufzubauen und eine gesündere kollektive Zukunft zu schaffen – angefangen beim Design und der Herstellung von Konsumgütern wie Möbeln. Für Opendesk ist wichtig, dass Möbel nicht nur nachhaltig und wirkungsvoll designt sind, sondern dass auch die Herstellung von Möbeln ein Vergnügen sein sollte und die Nutzung (manchmal sogar das Zusammenbauen) für die Kunden eine großartige Erfahrung ist. Opendesk ist ein designorientiertes Team, das sich der Herausforderung stellt, all seine Entwürfe so universell – und damit so lokal – wie möglich zu gestalten (siehe opendesk.cc).

Nachhaltigkeit ist begehrenswert

FurNEARture nicht nur erschwinglich, sondern auch nachhaltig und begehrenswert zu machen, kann eine Herausforderung sein, schließlich dürfen nur lokale Ressourcen und Arbeitskräfte eingesetzt werden. Einer der Wege, dies zu erreichen, ist laut den Brüdern Isaac und Jaime Salm der Leitgedanke „Responsible Desire". Darunter verstehen die Gründer des Unternehmens MIO die Überzeugung, dass Kundinnen und Kunden aus echtem Begehren und nicht aus Angst, Schuldgefühlen oder Altruismus nachhaltige Produkte konsumieren. Das ist auch ein perfektes Beispiel für die Denkweise des Megatrends Neo-Ökologie. Ein solches Mindset, so sagen die Brüder, wird letztendlich den kulturellen Wandel vorantreiben, der notwendig ist, um die Bedürfnisse und Wünsche der Verbraucherinnen und Verbraucher mit dem Verhalten in Einklang zu bringen, das notwendig ist, um unseren Planeten wieder ins Gleichgewicht zu bringen. MIO ist ein Einrichtungs- und Designunternehmen, das alles von Decken- und Wandfliesen über Raumteiler bis hin zu Beleuchtung und Möbeln anbietet (siehe mioculture.com). Es handelt sich um ein ehrgeiziges Produktsortiment, vor allem, weil das Unternehmen bestrebt ist, alle Produkte in der Metropolregion Philadelphia herzustellen (über 70 Prozent der Kollektion erfüllen dieses Kriterium bereits). Alle Produkte werden in den USA hergestellt, und auch der Großteil der Materialgewinnung findet auf dem amerikanischen Festland statt. Außerdem ist MIO ein B-Corp-zertifiziertes Unternehmen, das ökologische Materialien wie FSC-zertifiziertes Holz sowie recycelte und vollständig wiederverwertbare Materialien verwendet.

Made to Order

Die Unternehmen, die die Herausforderung des Local Sourcings wirklich meistern, sind natürlich diejenigen, die ihre Möbel auf Bestellung anfertigen – dadurch wird zwar weniger Abfall produziert, aber es bedeutet im Allgemeinen höhere Kosten im Vergleich zu FARniture (zum Beispiel Möbel aus dem Fernen Osten oder von IKEA). Ein gutes Beispiel dafür ist das Familienunternehmen younger+co in North Carolina, bei welchem jedes Produkt von einer Handwerkerin für den Kunden einzeln von Hand gefertigt wird. Alle Materialien der Sofas und Sessel – vom Holz für die Rahmen bis hin zu den Federn, dem Schaumstoff und den Beinen, werden in einem Umkreis von 85 Meilen um die Fabrik in Thomasville, North Carolina, hergestellt. Die Stoffe hingegen werden aus der ganzen Welt bezogen, hier besteht weiterhin Verbesserungspotenzial (siehe youngerfurniture.com).

GLÄSERNE NACHHALTIGKEIT
BEST PRACTICE: HERR LARS MÖBELMANUFAKTUR

Rundherum nachhaltig ist die Möbelmanufaktur Herr Lars aus Steinfurt in Nordrhein-Westfalen. Die Tischlerei bezeichnet ihre Produktionsstätte als „gläsern", denn Besucherinnen und Besucher sind vor Ort jederzeit herzlich willkommen, um den Entstehungsprozess der Möbel live mitzuverfolgen. Die Leitprinzipien Ressourcenschonung und Nachhaltigkeit werden in der gesamten Wertschöpfungskette konsequent umgesetzt. Neben deutschem Eichenholz aus ökologischer Forstwirtschaft verarbeitet das Unternehmen auch Stahlteile, die von Betrieben aus dem Umland bezogen werden und – ebenso wie das verwendete Massivholz – die Lebensdauer der Produkte erhöhen. Diese enge Kooperation mit Zuliefernden aus der Region und die plastikfreie Verpackung der fertigen Möbel spiegeln ebenso die Unternehmensphilosophie wider. Der Trend zu FurNEARture wird hier von der Beschaffung bis hin zum Verkaufserlebnis umgesetzt.
herr-lars.com

Die Herstellung von Möbeln sollte ein Vergnügen sein.

Wohntrends

ALPINE HANDWERKSKUNST

BEST PRACTICE: ONLINE-PLATTFORM 4BETTERDAYS.COM

Über die in Innsbruck ansässige Online-Plattform 4betterdays.com kann man vom Hochbeet über Wohntextilien bis hin zu Zirbenbrotkästen alles erwerben. 4betterdays.com bietet derzeit 164 Klein- und Mittelbetrieben aus der Alpenregion die Möglichkeit, ihre Produkte online zu vertreiben. Die Handwerksbetriebe konzentrieren sich auf die Herstellung von Möbeln und Accessoires aus heimischen Rohstoffen und erhalten traditionelle und lokale Handwerkerstrukturen aufrecht. 4betterdays.com sorgt für die digitalen Prozesse und eine Anbindung an mehr als elf internationale Marktplätze. Das Qualitätssiegel „HandMade in the Alps" garantiert nicht nur, dass die Produkte in der alpinen Region hergestellt wurden, sondern auch, dass die verwendeten Werkstoffe aus der Umgebung kommen.

4betterdays.com

PURES ITALIEN-FLAIR

BEST PRACTICE: COTTOFLIESEN, FORNACE BRIONI

Die Rohstoffe für die bunten Cottofliesen des italienischen Herstellers Fornace Brioni finden sich direkt vor der Haustür des in Mantua ansässigen Traditionsunternehmens: Regenwasser und Ton. Aus den lokal gewonnen Sedimenten aus der Poebene entstehen dank traditionellem Handwerksverfahren moderne Fliesen in den Farben rot, pink, grau oder schwarz. Designerin Cristina Celestino stammt ebenfalls aus Norditalien und verleiht mit ihren Designs den Cottofliesen einen modernen Touch. Die geometrischen Muster ihrer Kreationen wirken nicht kalt, sondern im Gegenteil warm und verspielt.

fornacebrioni.it

VIKTORIANISCHES HOLZ NEU DESIGNT

BEST PRACTICE: HOLZMÖBEL, JAN HENDZEL STUDIO

Im Jan Hendzel Studio im Südosten Londons entstehen Möbelstücke, die viele Geschichten in sich tragen. Denn die Manufaktur verwendet entweder frisch gefälltes Holz aus dem Londoner Umland oder sogenanntes Reclaimed Wood. Dabei handelt es sich um recyceltes Holz, das beispielsweise aus alten Gebäuden oder verfallenen Anwesen stammt und wiederverwendet wird, statt weggeworfen zu werden. Das Londoner Studio bereitet das Holz auf und kreiert zum Beispiel aus alten viktorianischen Dielen oder ehemaligen Schiffsschleusen imposante Tische und dekorative Kästen. Auch spannende Geschichten über die frühere Verwendung des Rohstoffes gehen nicht verloren und garantieren so absolute Nachverfolgbarkeit.

janhendzel.com

Trendprognose

Was bei Lebensmitteln seinen Anfang nahm und sich in der Modeindustrie zeigt, zeichnet sich nun auch in der Möbelbranche ab: Konsumentinnen und Konsumenten legen zunehmend Wert darauf, dass ihre Möbelstücke nachhaltig sind. Das bedeutet nicht nur, dass die Möbel regional gefertigt werden, sondern auch, dass Materialien wie Holz, aber auch Metall und Textilien, regional bezogen werden. Damit verringert sich der CO_2-Abdruck der Industrie maßgeblich. Unternehmen können punkten, wenn sie sich auf diese Aspekte konzentrieren und sie hervorheben. Tatsächlich sind Kundinnen und Kunden auch bereit, einen höheren Preis zu bezahlen und länger zu warten, wenn die Möbelstücke handgemacht und die Werkstoffe regional bezogen sind. Das Slow Furniture Movement wird zum Near Furniture Movement.

Foto: Mattia Balsamini

Slow Furniture Movement

Nicht so weit von dieser Philosophie entfernt ist das sogenannte Slow Furniture Movement, das von den DutchCrafters verkörpert wird, die die traditionellen amischen Handwerkstechniken anwenden (siehe dutchcrafters.com). Diese Bewegung befasst sich mit der bewussten Herstellung und Verwendung von langlebigen Möbeln. Sie ist analog zu den Slow-Food- und Slow-Fashion-Bewegungen als Antwort auf die Massenproduktion von „Fast Furniture" entstanden.

Die fünf Grundprinzipien des Slow Furniture Movements sind:
→ Investieren Sie in hochwertig gefertigte, langlebige Möbel.
→ Legen Sie Wert auf Multifunktionalität und Modularität.
→ Akzeptieren Sie die zusätzliche Zeit, die für die Herstellung guter Möbel erforderlich ist.
→ Unterstützen Sie die Produktion von Möbeln, bei der die Arbeiterinnen und Arbeiter fair bezahlt und behandelt werden.
→ Wenden Sie sich von massenproduzierter und billig hergestellter Fast-Furniture-Ware ab.

Eines der Argumente gegen FurNEARture ist oft der höhere Preis. Wenn wir allerdings die Kosten für die Umwelt, unsere Gesundheit und unseren Lebensunterhalt wirklich berücksichtigen, dann relativiert sich der Preisunterschied zwischen FARniture und FurNEARture, und FurNEARture ist langfristig die Zukunft der Möbelproduktion. Oder wie John Ruskin sagte: „When we build, let us think that we build forever."

Trendwörterbuch

Neue Wörter und Begriffe sind oft Indikatoren für die Entwicklung neuer Bedürfnisse. Sie dienen dazu, Veränderungen zu benennen und helfen uns gleichermaßen, mit diesen umzugehen. Um uns in einer sich ständig wandelnden Welt zurechtzufinden, brauchen wir Flexibilität und Kreativität in unserer Sprache. Mithilfe von Trendwörtern können wir neue Ideen kommunizieren und Veränderungen in Worte fassen – und im besten Fall betrachten wir die Dinge mit Humor.

ADAPTIVE REUSE

Von der Umwandlung von Büros in Wohnungen, Hotels oder sogar Mikroschulen und Obdachlosenheime: Adaptive Reuse, die flexible Umnutzung von Räumen und Gebäuden, wird uns in Zukunft noch häufiger begegnen, da sich unsere Arbeits- und Lebensgewohnheiten verändern. Mehr Homeoffice macht weniger Bürofläche erforderlich, weniger Geschäftsreisen und reduziertes Pendeln verändern den Bedarf an Hotel- und Konferenzräumen. Ein verwandter Begriff ist Facadism, bei dem man ein neues Gebäude hinter einer alten Fassade versteckt, die man erhalten möchte.

BOOMER BATHROOM

Das Badezimmer ist heute ein Ort, an dem wir mehr Zeit verbringen als je zuvor. Vom Wellnesstempel bis zur Entspannungsoase: Bäder erfüllen heute ganz andere Aufgaben als früher. Das gilt insbesondere für die Boomer-Generation. Sie sind klassische Downager: Sie leben länger als jede Generation vor ihnen und versuchen dabei so jung wie möglich zu bleiben. Die Bedürfnisse dieser Generation, die in den 1950er- und 1960er-Jahren aufgewachsen ist, drehen sich um Freiheit, Individualismus und Unabhängigkeit. Außerdem leben sie in einem Wohlstand, von dem ihre Eltern und Großeltern nur träumen konnten. Das Badezimmer hat als Ort der Investition in diese Bedürfnisse eine Schlüsselrolle und muss mehr denn je so gestaltet werden, dass es sowohl den hohen Ansprüchen genügt als auch das Problem der eingeschränkten Mobilität im Alter löst, ohne dass es seinen Wohnzimmercharakter verliert.

Foto: Unsplash, Jared Rice

BRICOLAGE

Der Begriff Bricolage bedeutet Bastelei, Konstruktion oder Kreation aus bereits verfügbaren Baustoffen und Gebäuden. Bricolage hat ein Revival erlebt, seit der Pritzker-Preis an die Architektin Anne Lacaton und den Architekten Jean Philippe Vassal ging, Pioniere dieser Bauweise. Sie haben sich einen Namen gemacht, indem sie große Plattenbauten sanierten. Diese umhüllten sie mit einer Art zweiten Haut, um im Inneren neue Räume mit einer Vielzahl von Funktionen zu schaffen. Die dahinterstehende Philosophie besteht darin, unsere ästhetischen Erwartungen von der perfekten Erscheinung zu lösen und auf die Sichtbarkeit der Materialien zu verlagern. Damit soll die intelligente Reaktivierung alter Gebäude erleichtert werden.

BUY BACK

In Zukunft werden noch mehr Unternehmen, auch aus höheren Preiskategorien, das von IKEA eingeführte „Rückkaufprogramm" initiieren. Dieses aktuell in 27 Ländern angebotene Programm ermöglicht es den Kunden, vollständig montierte Artikel zurückzugeben, die dann in den Geschäften als Gebrauchtware weiterverkauft werden. Es ist ein Puzzlestück im Masterplan des weltgrößten Möbelherstellers, bis 2030 zu einem vollständig kreislauforientierten und klimafreundlichen Unternehmen zu werden. Die Kundinnen lassen ihre Möbel bei der Rückgabe in drei Kategorien einteilen – neuwertig, sehr gut und gebraucht – und erhalten im Gegenzug Gutscheine, die sie bei IKEA einlösen können.

CARDENING

Ein Trend, der ein bisschen verrückt klingt, aber irgendwie Sinn macht: Cardening (von „Car" plus „Gardening") ist Teil des postpandemischen Pflanzenwahns, eine späte Weiterentwicklung der Vase im VW Käfer. Zu den empfohlenen Cardening-Pflanzen gehören Kakteen (die sich allerdings nicht mit den Airbags vertragen), Geranien und Bambus (nur Zwergsorten). Die Pflanzen im Auto verbessern nicht nur die Luftqualität und den Geruch im Fahrzeug, sondern werden aufgrund ihrer beruhigenden Wirkung auch als Mittel gegen Stress und Frust im Verkehr empfohlen.

CLUB OFFICE

Das Club-Konzept hat in Großbritannien eine lange Tradition und ist das Rückgrat vieler erfolgreicher beruflicher und privater Netzwerke. Die Club-Atmosphäre ist typischerweise gemütlich, das Design ist heimelig, aber nicht wie zu Hause – denn Differenzierung ist wichtig. Jetzt, wo es an der Zeit ist, die gesamte Bürolandschaft zu überdenken, ist das Club Office eine Idee zur Neugestaltung der Büroeinrichtung und -atmosphäre. Es ist eine Möglichkeit, wie Büros nach der Pandemie aussehen können; der Club-Charakter fördert Zusammenarbeit, Gemeinschaft und Inspiration. Das könnte auch eine Verlagerung zu mehr halböffentlichen Räumen bedeuten. Für viele Büros ist es an der Zeit, erwachsen zu werden – weg vom Spielplatz, hin zur Club-Ästhetik.

Foto: New Antheia

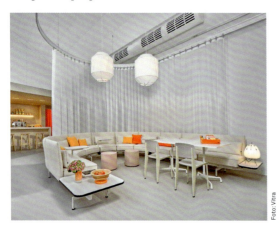

Foto: Vitra

EMOTIONALE HALTBARKEIT

Normalerweise denken wir bei Haltbarkeit an die physische Seite, selten an die Beständigkeit von Emotionen. Genau darauf bezieht sich aber die Idee des Designers und Beraters Clemens Dus, der der Meinung ist, dass wir ein neues System des Denkens brauchen, wenn es um nachhaltiges Design geht: Sein neuer Ansatz ist das sogenannte Emotionally Durable Design. Dabei sollen die Nutzer eine tiefere emotionale Bindung zum Produkt entwickeln. Das funktioniert nach Dus besonders gut, wenn hochwertige Materialien verwendet werden, die im Laufe ihres langen Lebens eine Patina entwickeln, also gut altern. Und es hilft, wenn die Objekte eine Geschichte erzählen (vgl. Gram 2021a).

Enkelgerechtigkeit geht über das klassische Versprechen der Nachhaltigkeit hinaus.

ENKELGERECHTES BAUEN

Dies ist ein weiteres Konzept für nachhaltiges Bauen, das sich zunehmender Beliebtheit erfreut. Ein Beispiel dafür sind die Gebäude der S+B Gruppe, die in mehreren europäischen Städten Hochhäuser baut. Neben Lehrbuchbegriffen wie hochwertig, qualitätsvoll et cetera taucht in ihrer Firmenphilosophie auch Enkelgerechtigkeit als eines ihrer Ziele auf. Dieser Begriff geht über das klassische Versprechen der Nachhaltigkeit hinaus, weil er es ermöglicht, technische und gesellschaftliche Entwicklungen zu antizipieren, damit auch die nächsten Generationen in ihren Häusern und Wohnungen zufrieden leben können.

HOTOFFICE

Jetzt, wo Co-Working-Spaces wieder in Gang kommen, sehen viele Hotels ihre Chance, mitzumischen. Die Zunahme des Hotelbüros oder „Hotoffice" bedeutet für die Hotelbranche eine Chance, neue Einnahmen zu erzielen, sich mit lokalen Communitys zu verbinden sowie neue Kundinnen zu gewinnen. Für die Nutzenden kann es eine Chance auf Ruhe, gemeinschaftliche Atmosphäre, einen Tapetenwechsel oder einen guten Restaurant- und Barservice bedeuten. Das Auersperg in Salzburg beispielsweise vermietete während der Schließung halbtags Räume zum Arbeiten und öffnete nach 13 Uhr seinen andernfalls nicht genutzten Frühstücksraum als Co-Working-Space. Ein weitere, etwas fragwürdige Variante ist das Boffice: das Büro in einer Bar.

NETFLIX-EFFEKT

Vor einiger Zeit, in der Prä-Covid-Ära, erzählte mir eine Innenarchitektin vom Harry-Potter-Effekt: Ihre Kundinnen und Kunden oder deren Kinder wollten, dass ihre Zimmer Szenen aus den Büchern und Filmen ähneln oder dass sich wenigstens Stilelemente aus der Harry-Potter-Welt in ihren Zimmern wiederfinden. Ähnlich funktioniert der Netflix-Effekt. Er schlägt sich zum Beispiel in der Nachfrage nach Möbeln und Haushaltswaren im Stil der Netflix-Serie Bridgerton nieder. Die Netflix-Kultserie Queer Eye hat inzwischen eine Kooperation mit Walmart in den USA gestartet, die moderne Einrichtungsgegenstände zu erschwinglichen Preisen anbietet. Der britische Wohnungsbauminister ist sogar noch einen Schritt weiter gegangen und hat sich für Planungsgesetze ausgesprochen, die den Abriss alter Nachkriegsvororte und deren Wiederaufbau mit einer raumwirksamen georgianischen Reihenhausarchitektur ermöglichen würden – genau wie in Bridgerton.

Foto: Hotel Villa Auersperg

ONE-MINUTE-CITY

In Anspielung auf den Erfolg des Konzepts der 15-Minuten-Stadt (vgl. Home Report 2021, S. 82; Zukunftsinstitut 2020) arbeitet Schweden an der One-Minute-City. Die Idee, die derzeit in Stockholm, Göteborg und Helsingborg getestet und ausgewertet wird, ist die Förderung hyperlokaler Kultur und Mobilität durch einen cleveren und kostengünstigen modularen Baukasten. Der Bausatz besteht aus einer erweiterbaren, modularen Holzplattform mit verschiedenen Teilen, die übereinander gelegt werden können. Sie kann je nach lokalen Bedürfnissen und Wünschen in Größe und Nutzung angepasst werden: vom Spielplatz oder Outdoor-Fitnessstudio über einen städtischen Garten, Lagerraum oder sozialen Treffpunkt im Freien bis hin zu elektrischen Ladestationen. Die Idee dahinter ist, Verbindungen und Orte für Begegnungen zu schaffen, die über Familie, Freunde und Arbeitskolleginnen und -kollegen hinausgehen.

Foto: Elsa Soläng

REWILDING

Rewilding ist eine Form der ökologischen Wiederherstellung, bei der der Schwerpunkt darauf liegt, dass der Mensch sich zurückzieht und ein Gebiet (wieder) der Natur überlässt. Der Begriff erfreut sich in letzter Zeit zunehmender Beliebtheit, und obwohl er in der Regel mit nichtstädtischen Landschaften in Verbindung gebracht wird, wächst das Interesse an Rewilding auch in der Stadt. Erfolgreiche Langzeit-Rewilding-Projekte benötigen nur wenig menschliche Aufmerksamkeit, da die erfolgreiche Wiederansiedlung von bestimmten Spezies ein sich selbst regulierendes und selbsterhaltendes stabiles Ökosystem schafft. In dem Maße, wie unsere Sehnsucht nach Natur und der Druck auf sie zunehmen, werden wir mehr über diesen Trend hören, wenn es um Landschaftspflege geht – sowohl auf dem Land als auch in der Stadt.

SHE SHED

Über „Männer-Höhlen" und den Aufstieg des Schuppens, Kellers oder der Garage als Rückzugsort (vornehmlich für Männer) wurde schon viel geschrieben. Jetzt gibt es als weibliche Antwort den Aufstieg des „She Shed" oder sogar der „She Cave". Es handelt sich dabei um eine postmoderne Variante von Virginia Woolfs „Room of my own", die im Zeitalter des Hoffice an Bedeutung gewinnt (siehe Trendkapitel „Hoffice", Home Report 2021, S. 16; Zukunftsinstitut 2020). Als „Arbeitsplatz", kreative Zuflucht, Rückzugsraum oder einfach nur als Ort, an dem man dem Strudel des Alltags entfliehen kann, können diese Räume Teil des Hauses sein, häufiger aber haben sie die Form eines umfunktionierten Nebengebäudes oder eines speziell gebauten Schuppens im Garten oder sonstwo.

SOZIALES BIOM

Das komplexe Ökosystem, das den Körper bewohnt und essenziell für sein Funktionieren ist – nämlich das Mikrobiom der Haut und des Darms –, ist inzwischen bekannt. Jetzt ist es an der Zeit, einem weiteren wichtigen Biom Aufmerksamkeit zu schenken: dem sozialen Biom. Laut Kommunikationswissenschaftler Jeffrey Hall ist dies das individuelle Ökosystem von Beziehungen und Interaktionen, das unsere emotionale, psychologische und physische Gesundheit entscheidend prägt. Halls Begriff umfasst alle Interaktionen einer Person in ihrem Alltag: mit wem sie spricht, über was und über welches Medium die Kommunikation stattfindet, also zum Beispiel Face to Face, über Telefon oder im Chat. Das Konzept hat seine Wurzeln in der Vorstellung, dass soziale Interaktionen, ähnlich wie Essen, „Kalorien" haben, durch die man sich sozial genährt fühlen kann. Und genau wie beim Essen ist nicht nur die Menge, sondern auch die Vielfalt und die Qualität für die Gesundheit wichtig. Das Verständnis und die Berücksichtigung der verschiedenen Ebenen des sozialen Bioms werden für die Schaffung lebenswerter Architektur und Stadtplanung von entscheidender Bedeutung sein.

SPONGE CITY

Wie das Wort schon nahelegt, ist eine Sponge City oder Schwammstadt eine Stadt, die so konzipiert ist, dass sie Regenfälle passiv absorbiert, reinigt und auf umweltfreundliche Weise nutzt, um gefährliches und verschmutztes Abwasser zu reduzieren. Diese Systeme werden im öffentlichen Raum zunehmend genutzt, da sie ohne wartungsintensive technische Anlagen funktionieren. Das Schwammprinzip am Johann-Nepomuk-Vogl-Platz in Wien zum Beispiel nimmt Regenwasser von den Dächern der Marktstände, dem Boden und dem Kinderspielplatz auf und leitet es über spezielle Pflanzgruben an Bäume weiter, die es aufnehmen. Auch in durchlässigen Straßen und auf Dachgärten findet das Prinzip der Sponge City Anwendung. Eine ähnliche Idee stammt von einem niederländischen Unternehmen, das natürliche Sedimente aus Flüssen zur Herstellung von wasserdurchlässigem Pflaster verwendet. Wasserdurchlässige Straßen, Plätze und Gehwege machen Städte sicherer – was angesichts drohender Überschwemmungen durch den Klimawandel immer relevanter wird.

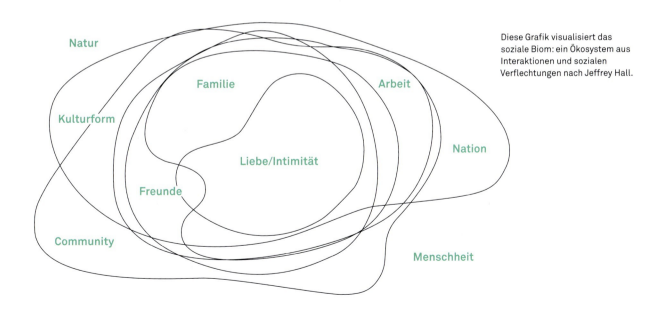

Diese Grafik visualisiert das soziale Biom: ein Ökosystem aus Interaktionen und sozialen Verflechtungen nach Jeffrey Hall.

Der Wingman erlebt ein Revival.

THERAPEUTISCHES GÄRTNERN

Dies ist eines dieser neuen Gesundheitsfelder, die ein großes Potenzial für lebenswertere Städte und Wohnkomplexe haben. Das therapeutische Gärtnern hilft Menschen mit psychischen Problemen, die heilende Kraft der Natur und der körperlichen Betätigung unter freiem Himmel zu erfahren und gewinnt dank der Arbeit der Royal Horticultural Society in Großbritannien zunehmend auch an beruflicher Anerkennung. Ozichi Brewster, ein in Salford ansässiger therapeutischer Gärtner, arbeitet im RHS Bridgewater Garden mit Patienten, die von ihren Ärztinnen Garten-Stunden anstelle von Antidepressiva verschrieben bekommen.

UNDERAGE URBANISTS

Minderjährige in die Stadtplanung einzubeziehen war die Idee hinter dem Sommerferiencamp des Zentrums für Architektur und Stadtplanung in Prag. Die Kinder im Alter von neun bis 15 Jahren haben die Aufgabe, sich das Stadtzentrum der tschechischen Hauptstadt neu vorzustellen. Das jährlich stattfindende Camp ermutigt die Kinder, sich ihr zukünftiges Ich nicht als Astronaut oder Superheldin, sondern als Architekt oder Stadtplanerin vorzustellen. Im Laufe von fünf Tagen sind sie aufgefordert, Modelle für ein ausgewähltes Sanierungsgebiet in der Stadt zu zeichnen, zu entwerfen und zu modellieren. „Wir versuchen, die Kinder zu mündigen Bürgerinnen und Bürgern zu machen, die sich an Diskussionen über die Zukunft der Stadt beteiligen", so der Leiter des Programms, Stepan Bartl (vgl. Tuck 2020).

URBURBS

Dieser Begriff bezeichnet Vorstädte mit städtischem Flair. Sie erleben einen Aufschwung, seit immer mehr Menschen aus den Innenstädten wegziehen wollen. Die Bewohner von Urburbs sehen sich selbst eher als Städterinnen denn als Vorstädter. Sie mögen den vielen Platz in der Vorstadt und die Parkplätze, wollen aber dennoch Vielfalt, Hipster-Cafés und Kultur. Man möchte dort leben, wo das Gras grün ist und Geländewagen sich die Straße mit Hybriden teilen, man sich aber auch zu Fuß einen Latte macchiato holen kann. Manchmal sind diese Wohnräume auch Teil der Technoburbs, bei denen Büros in die Vorstädte ziehen, ihre Gebäude aber so gestaltet sind, dass sie in die Vorstadtatmosphäre passen.

Foto: Unsplash, Anna Earl

VOGUE-EFFEKT

Das ist der Fall, wenn Modemarken die Verbundenheit der Kunden mit ihrer charakteristischen Ästhetik nutzen, um Wohntextilien und -accessoires zu verkaufen – nach dem Motto „kleiden Sie Ihr Zuhause so, wie Sie sich kleiden". Das funktioniert auch andersherum, nämlich dann, wenn Marken für Heimtextilien Bekleidungslinien einführen. Das sind keine neuen Trends, aber sie gewinnen an Bedeutung, da wir immer mehr Zeit in unseren Wohnungen verbringen und diese immer mehr zu Orten werden, an denen wir unseren persönlichen Geschmack und Stil zum Ausdruck bringen. Shrimps, ein trendiges Modelabel, hat zwei Kollektionen mit dem Möbelkaufhaus Habitat koproduziert. Das Unternehmen gewann durch seine coolen Kunstpelzmäntel mit flippigem Innenfutter Kultstatus und hat sein Sortiment nun um Artikel wie Teppiche, Kissen, Lampen und Rattanmöbel erweitert.

WINGMAN-KONZEPT

Ein Wingman – oder natürlich eine Wingwoman – ist eine Person, die bei einer bestimmten Tätigkeit begleitet und unterstützt, vom Flirten bis zum Trösten. Dieser etwas altmodische Begriff erlebte während der Pandemie mit dem Project Wingman, das im National Health Service im Vereinigten Königreich eingesetzt wurde, ein Revival. Das Projekt, das von einem Psychologen und zwei Piloten ins Leben gerufen wurde, setzte vorübergehend beschäftigungsloses Flugpersonal ein, um eine First-Class-Lounge zu schaffen, in der sich das Krankenhauspersonal ausruhen und erholen konnte. Hier erhielt das Personal Getränke und Snacks, vor allem aber erstklassigen Small Talk, Raum zum Reden und ein freundliches Lächeln. Die Krankenpfleger und Medizinerinnen wurden verwöhnt wie sonst Passagiere in First-Class-Lounges auf Flughäfen. Das Flugpersonal kann gut mit Menschen umgehen und schafft eine Atmosphäre der Wertschätzung. Das Wingman-Konzept könnte viele Unternehmen und sogar Städte inspirieren, das Wohlbefinden systemrelevanter und anderer Berufsgruppen zu erhöhen, die strukturell benachteiligt sind.

Foto: MESURA, Salva López

ZERO KILOMETER MATERIALS

Dabei handelt es sich um das progressive Konzept, nur mit Materialien zu bauen, die aus der unmittelbaren Nähe des Ortes stammen, an dem gebaut wird, welche nicht industriell verarbeitet werden müssen und auch wieder in die Umgebung zurückgeführt werden können, in der sie gewonnen wurden. Außerdem sollen die lokale Kultur und lokale Arbeitskräfte eingebunden werden. Diese Bewegung wurde von der Slow-Food-Bewegung inspiriert, die die Verwendung lokaler Zutaten fördert. Ein Beispiel für die Verwendung lokaler Materialien beim Bau ist das Casa Ter in Spanien, bei dem die Wände aus Steinen und Beton aus einem lokalen Fluss sowie aus in der Nähe hergestellter Keramik bestehen.

Home Report 2022

Facts & Figures Wohnen und Bauen

Die Facts & Figures rund ums Wohnen und Bauen dienen dazu, die Trends und Thesen im vorliegenden Report zu validieren. Sie sind als Infografiken anschaulich zusammengestellt, sodass sie auf einen Blick erfasst werden können.

- Zukunftsmaterial Holz
- Küche im Mittelpunkt
- Kreislaufwirtschaft im Baugewerbe
- Spielerische Zukunftsräume in der Stadt
- Lebensqualität zwischen Stadt und Land

Facts & Figures

Zukunftsmaterial Holz

Holz ist nicht nur eines der ältesten Baumaterialien, sondern gilt bereits seit einiger Zeit auch als Baustoff der Zukunft. Während die Zahl der genehmigten Wohngebäude in Deutschland mit Holz als überwiegendem Baustoff seit Jahrzehnten stetig steigt, geht der Blick bei Holzbauten beziehungsweise Hybridbauten immer öfter auch hoch hinaus. Gleichzeitig sorgt der Klimawandel, durch dessen Auswirkungen nachhaltigeres Bauen immer notwendiger wird, zunehmend für eine Verschlechterung des Zustands unserer Wälder und setzt unsere regenerativen Holzquellen somit unter Druck.

Unsere Wälder kranken
Durch Schäden bedingter Holzeinschlag in Deutschland (in Millionen Kubikmetern)

Quelle: Statistisches Bundesamt

Zustand der untersuchten Bäume in Deutschland nach Schadstufen (in Prozent)

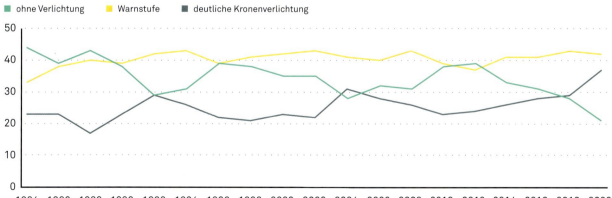

Quelle: BMEL
Basis: 10.076 Bäume im Jahr 2020; bis 1989 ohne neue Bundesländer

Mit Holz hoch hinaus

Übersicht ausgewählter Holzhochhäuser weltweit im Vergleich zu dem größten Baum Deutschlands bzw. der Welt (in Metern)

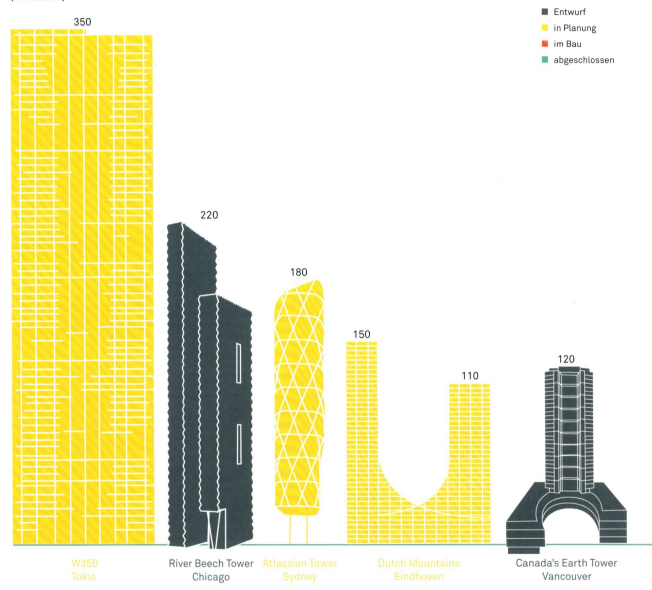

Quellen: Nikken, Perkins&Will, SHoP Architects, Studio Marco Vermeulen, Voll Arkitekter, HoHo Wien, Tech Cluster Zug, Haut Amsterdam, Roots Hamburg, Kaden + Lager, Baumpflegeportal

Facts & Figures

Beliebtes Baumaterial
Anteil von genehmigten Wohngebäuden in Deutschland mit Holz als überwiegendem Baustoff (in Prozent)

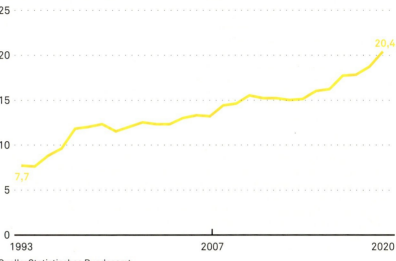

Quelle: Statistisches Bundesamt

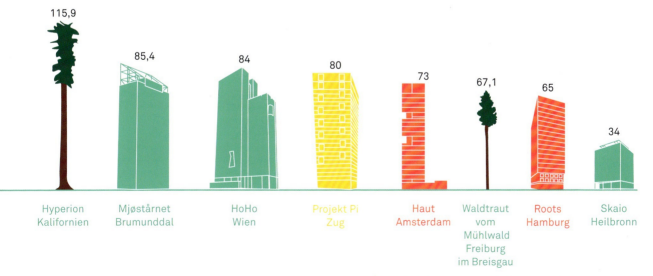

Anmerkung: Gebäude zum Teil in hybrider Bauweise mit Holz als wesentlichem Baumaterial

Home Report 2022

Küche im Mittelpunkt

Die Küche rückt nicht erst in Zeiten vermehrter Homeoffice-Nutzung wieder in unseren Fokus und nimmt immer häufiger einen hohen Stellenwert ein. Auch ein wachsender Bedarf an neuen Küchen durch viele neue Wohnungen sorgte zuletzt für eine steigende Umsatzentwicklung in der deutschen Küchenmöbelindustrie. Der Trend geht dabei klar zu höherwertigen Küchen, die weniger mit Protz und Status zu tun haben, dafür aber umso mehr mit Lebensgefühl, Qualität, Nachhaltigkeit und Funktionalität zu überzeugen wissen.

Mehr Lebensgefühl statt Status
Einstellung der Befragten zu folgenden Aussagen bezüglich ihrer Küche (2021, Zustimmung in Prozent)

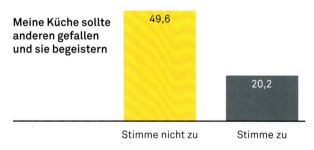

Basis: 2.091 Befragte aus Deutschland ab 18 Jahren
Anmerkung: fehlende Werte = „weiß nicht" bzw. „teils/teils"

Quellen: Zukunftsinstitut, Siemens Hausgeräte, YouGov

Wachsender Bedarf an Küchen durch neue Wohnungen
Entwicklung der Baufertigstellungen von Wohnungen in den DACH-Ländern

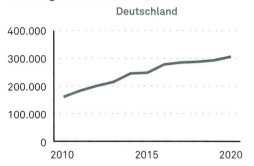

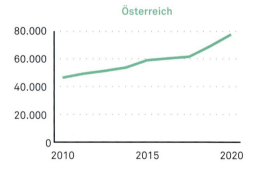

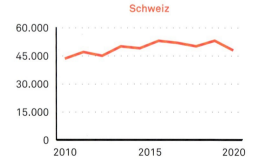

Quellen: Statistisches Bundesamt, Statistik Austria, Bundesamt für Statistik

Facts & Figures

Im Aufwind
Umsatzentwicklung der deutschen Küchenindustrie (in Millionen Euro)

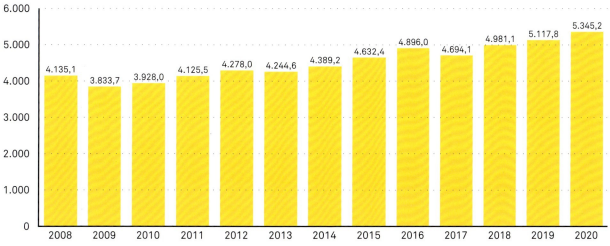

Quelle: Statistisches Bundesamt

Trend zu höherwertigen Küchen
Durchschnittlicher Auftragswert für Küchen in Deutschland (in Euro)

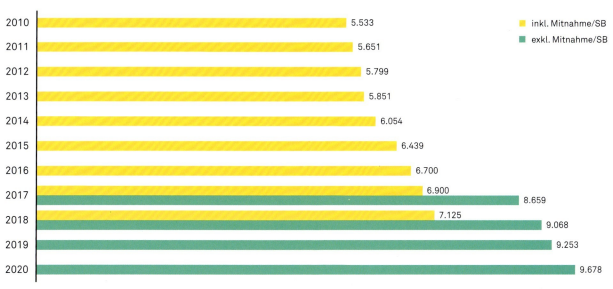

Quellen: GfK, AMK

Kreislaufwirtschaft im Baugewerbe

Mit Blick auf den Anteil des Gebäude- und Bausektors am weltweiten Energieverbrauch und CO_2-Ausstoß wird das große Potenzial für mehr Nachhaltigkeit in diesem Bereich sehr deutlich. Wichtig werden daher zum Beispiel die Vermeidung und das Recycling von Bauabfällen. Hier stellt etwa der Straßenaufbruch mit hohen Recyclingquoten in Deutschland ein Vorbild dar. Eine stärkere Ausrichtung auf nachhaltiges Bauen soll so vor allem den Energieverbrauch senken und natürliche Ressourcen schützen. Exemplarisch dafür ist das Prinzip der Kaskadennutzung, durch welches eine möglichst effiziente und häufige Wiederverwertung von Baumaterialien wie Holz angestrebt wird.

Wozu nachhaltig bauen?
Zustimmung zu ökologischen Gründen für nachhaltiges Bauen (2019, in Prozent)

Quellen: United Technologies Corporation, Dodge Data & Analytics

Basis: 2.078 befragte Branchenexperten und -expertinnen weltweit
Anmerkung: Mehrfachnennungen möglich

Recycling von Bauabfällen: Vorreiter zeigen den Weg auf
Statistisch erfasste Mengen mineralischer Bauabfälle in Deutschland und deren Verbleib (2018, in Prozent)

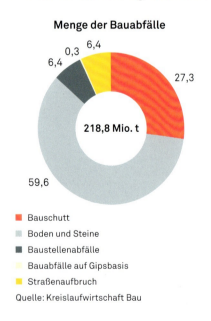

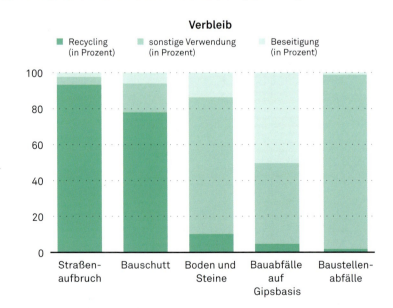

Quelle: Kreislaufwirtschaft Bau

Facts & Figures

Baumaterial im Kreislauf
Prinzip der Kaskadennutzung am Beispiel des Baumaterials Holz

→ Frischholzkreislauf   → Altholzkreislauf

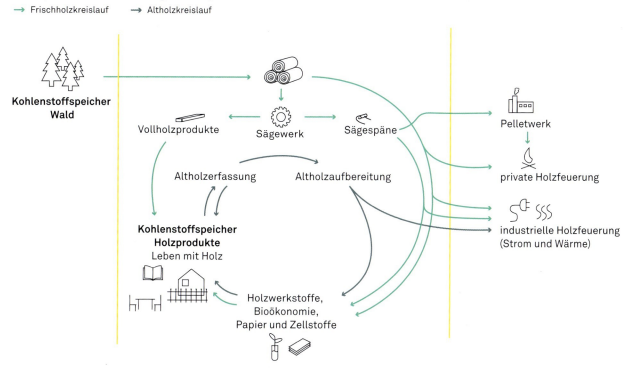

Quellen: Strohmeyer (VHI), Meinlschmidt (WKI), Lüdtke (Thünen-Institut)

Viel Potenzial und Notwendigkeit für mehr Nachhaltigkeit
Anteil des Gebäude- und Bausektors am weltweiten CO_2-Ausstoß und Energieverbrauch (2019, in Prozent)

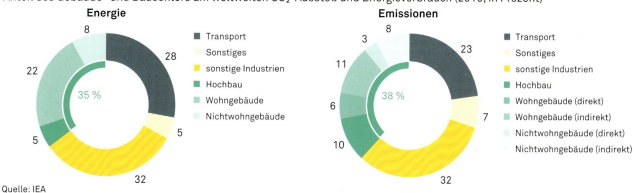

Quelle: IEA

Home Report 2022

Spielerische Zukunftsräume in der Stadt

Ein wesentlicher Teil der Fläche in deutschen (Groß-)Städten wird für Verkehr und Siedlung genutzt. In München und Berlin entfallen sogar mehr als 70 Prozent der Flächennutzung auf diese Kategorien. Dadurch wird deutlich, dass diese Räume im Sinne hoher Lebensqualität nicht nur stumpf, funktional und grau sein dürfen, sondern vielmehr „playful", bunt und nachhaltig sein sollten. Grünanlagen in Städten dienen als Erholungsorte und für regelmäßige Bewegung und sind in der Regel auch gut erreichbar. Nachholbedarf gibt es vielerorts noch bei Spielmöglichkeiten für Kinder, die sich vor allem bessere und sichere Mobilitätsangebote sowie mehr Spielorte in ihrer direkten Umgebung wünschen.

Wichtige Rückzugsorte zur Erholung und Bewegung

Häufigkeit der Nutzung von Grünanlagen in deutschen Großstädten (2020, in Prozent)

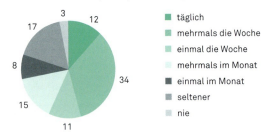

Fußläufige Erreichbarkeit städtischer Grünanlagen in deutschen Großstädten (2020, in Prozent)

Nutzungszwecke städtischer Grünanlagen in deutschen Großstädten (2020, in Prozent)

Anmerkung: Mehrfachnennungen möglich

Basis: 2.010 Befragte ab 18 Jahren, die in deutschen Großstädten mit mindestens 100.000 Einwohnern leben

Quellen: Forsa, Initiative „Grün in die Stadt"

Facts & Figures

Spielen für Kinder ermöglichen
Zustimmung von Kindern zu Maßnahmen, die es erleichtern würden, draußen zu spielen (2020, in Prozent)

Maßnahme	%
bessere Erreichbarkeit von Orten, beispielsweise durch kostenlose Busse und Bahnen, sichere Radwege, grüne Wegeverbindungen	92
mehr Spielorte, die sich ganz in der Nähe der Wohnung befinden, wie ein kleiner Spielplatz, eine Wiese oder eine Spielstraße	88
mehr verkehrsberuhigte Bereiche in Wohngebieten, sogenannte Spielstraßen	87
Orte, an denen Kinder die Natur erfahren können, wie Bäume oder Bachläufe	86
Angebote im Schulalltag, die das Spielen im Freien leichter machen, vor allem bei Ganztagsschulen	84
ein autofreier Sonntag einmal im Jahr, an dem Kinder überall auf den Straßen spielen können	58
Tempo 30 für alle Fahrzeuge überall in der Stadt	52

Basis: 624 Befragte aus Deutschland zwischen 10 und 17 Jahren
Anmerkung: Mehrfachnennungen möglich

Quelle: Deutsches Kinderhilfswerk

Hohe Flächennutzung für Siedlung und Verkehr
Anteil der Verkehrs- und Siedlungsfläche an der Bodenfläche insgesamt in ausgewählten deutschen Großstädten (2019, in Prozent)

- Anteil Verkehrs- und Siedlungsfläche
- Anteil Landwirtschaft, Wald und Sonstiges

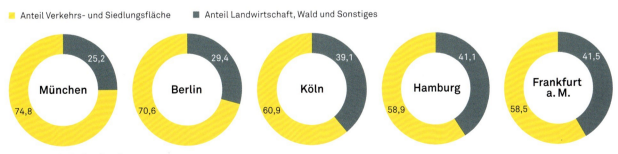

Stadt	Verkehrs- und Siedlungsfläche	Landwirtschaft, Wald und Sonstiges
München	74,8	25,2
Berlin	70,6	29,4
Köln	60,9	39,1
Hamburg	58,9	41,1
Frankfurt a. M.	58,5	41,5

Quelle: Statistisches Bundesamt

Home Report 2022

Lebensqualität zwischen Stadt und Land

Ein Großteil der Deutschen lebt in urbanen Räumen. Doch Stadt ist nicht gleich Stadt: Die Mehrheit der Bevölkerung ist in klein- oder mittelstädtischen Gebieten angesiedelt. Zusätzlich verteilen sich knapp 17 Prozent der Bevölkerung auf insgesamt 14 Großstädte mit mehr als 500.000 Einwohnerinnen und Einwohnern. Die Einwohnerverteilung in Deutschland zeigt jedoch auch, dass eine trennscharfe Unterscheidung zwischen Stadt und Land oft nicht möglich ist. Deutlicher hingegen werden Unterschiede bei den präferierten Wohnorten und Zuschreibungen urbaner oder ländlicher Räume. Tatsächlich wünschen sich etwa zwei Drittel der Bevölkerung ein ländliches oder kleinstädtisches Wohnumfeld. Wichtig sind dabei raumübergreifend vor allem Faktoren wie Freiraum im Grünen, ein bekanntes sowie ruhiges Umfeld oder Zugang zu guten Arbeitsplätzen.

Was braucht es für ein gutes Wohnumfeld?
Anteil der Stadt- bzw. Landbewohner und -bewohnerinnen, für die folgende Faktoren eine attraktive Wohngegend ausmachen (2021, in Prozent)

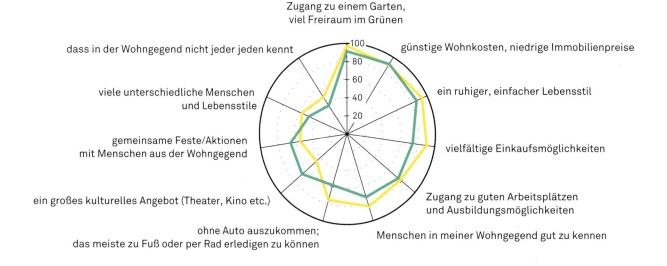

Quelle: Baufi24

Basis: 1.000 Befragte aus Deutschland zwischen 14 und 69 Jahren, davon 794 Stadt- und 205 Landbewohnerinnen und -bewohner [sic!]

Facts & Figures

Die Sehnsucht nach dem Dorfidyll
Wo Menschen in Deutschland am liebsten wohnen möchten (2020, in Prozent)

Dorf **34 %**

Land/Kleinstadt **27 %**

Stadt **13 %**

Stadtrand **26 %**

Quellen: Kantar/Emnid

Basis: 2.500 Befragte

Wohnrealität der Deutschen
Verteilung der Einwohnenden in Deutschland nach Gemeindegrößenklassen (2019, in Prozent)

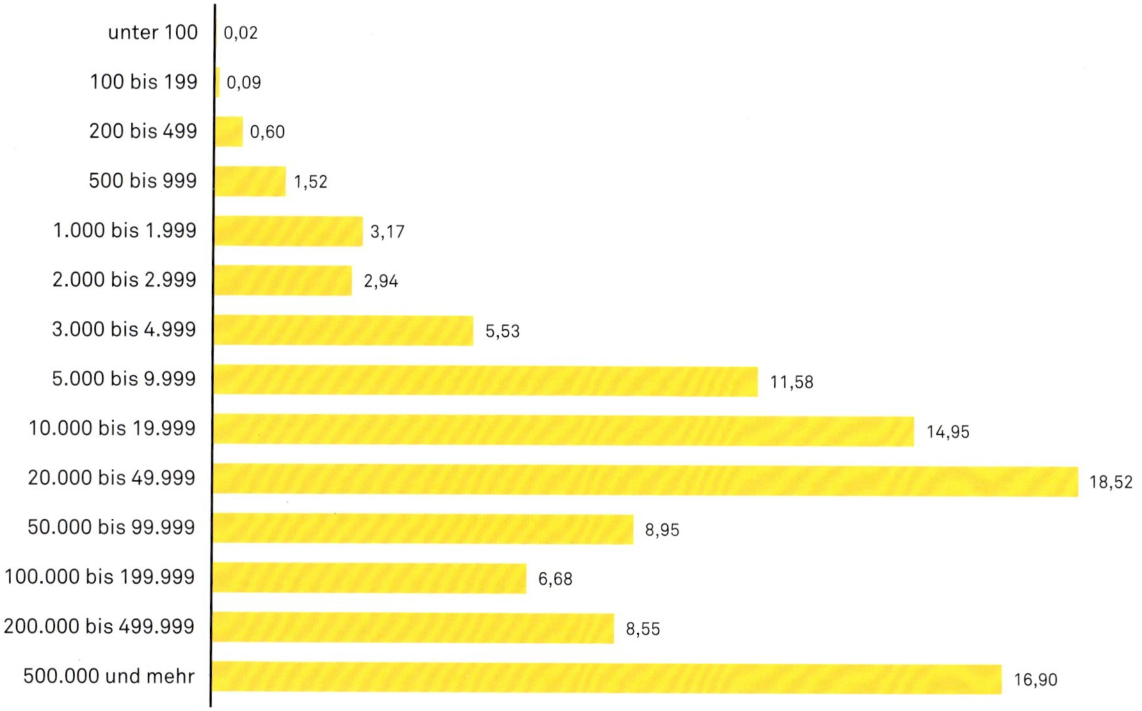

Gemeindegröße	Prozent
unter 100	0,02
100 bis 199	0,09
200 bis 499	0,60
500 bis 999	1,52
1.000 bis 1.999	3,17
2.000 bis 2.999	2,94
3.000 bis 4.999	5,53
5.000 bis 9.999	11,58
10.000 bis 19.999	14,95
20.000 bis 49.999	18,52
50.000 bis 99.999	8,95
100.000 bis 199.999	6,68
200.000 bis 499.999	8,55
500.000 und mehr	16,90

Quelle: Statistisches Bundesamt

Home Report 2022

NACHHALTIGES BAUEN

Branchen-Insight Nachhaltiges Bauen

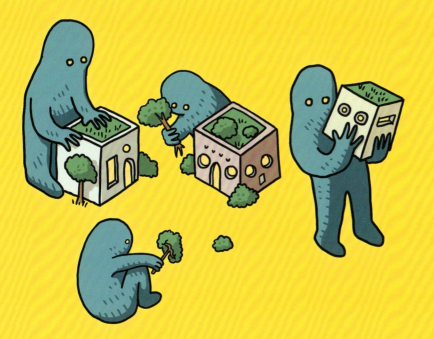

— Circular Building

— Age of Timber

— Certification Club

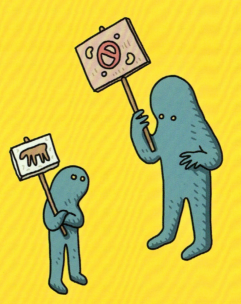

Branchen-Insight Nachhaltiges Bauen

Circular Building

Eckpfeiler des zirkulären Bauens

Die Bauindustrie gilt als eine der Hauptverantwortlichen der globalen Erderwärmung. Doch was wäre, wenn wir Bauen nicht nur als Problem, sondern auch als Teil der Lösung betrachten? Wir erreichen einen Wendepunkt: Für Baugewerbe und Architektur ist der Tag der „Emissionsabrechnung" gekommen. Es ist eine große Herausforderung, die Bauindustrie nachhaltiger und zukunftsfähiger zu gestalten. Inzwischen gibt es einige Innovationen und positive Entwicklungen in verschiedenen Bereichen der Baubranche, die Circular Building voranbringen. Vom Konstruktions- bis zum Abrissprozess werden die Prinzipien der Kreislaufwirtschaft immer öfter auch in der Bauindustrie eingesetzt.

Branchen-Insight Nachhaltiges Bauen

Die Bauindustrie ist für etwa 40 Prozent der jährlichen globalen CO_2-Emissionen verantwortlich (vgl. Global Alliance for Buildings and Construction 2020). Allein die Herstellung von Zement, dem wichtigsten Bestandteil von Beton, sorgt für 8 Prozent der globalen CO_2-Emissionen (vgl. Witsch 2020). Die Reduzierung von Emissionen in der Bauindustrie ist eine große Herausforderung für alle Beteiligten. Doch was wäre, wenn wir Bauen als Lösung, nicht als Problem betrachten?

Sanierung statt Neubau

Der ehemalige Präsident des AIA (American Institute of Architects) Carl Elefante ist überzeugt, dass die beste Chance, Emissionen zu reduzieren, darin liegt, schon bestehende Gebäude zu sanieren (vgl. Gray 2019). Diese sogenannten Retrofits, also Nachrüstungen, bieten ein großes Potenzial zur Einsparung von gebundenem Kohlenstoff. Die Gewinnung des für das Skelett des Gebäudes benötigten Stahls und Betons verursacht nämlich mehr Emissionen als die Hülle oder die Innenräume eines Gebäudes. Neubau ist also emissionsintensiver als Sanierung. Thomas Möller, Vorstandsvorsitzender von solid UNIT, einem Netzwerk, das nachhaltige Innovationen in der Bauindustrie vorantreibt, äußert sich ebenfalls zu diesem Thema: „Bauen ist nicht das Problem, Bauen ist die Lösung für Klima- und Umweltschutz." Seiner Meinung nach lässt sich durch nachhaltigeres Ressourcenmanagement und den verstärkten Einsatz innovativer mineralischer Baustoffe eine enorme Hebelwirkung zugunsten des Klimaschutzes erzielen (vgl. solid UNIT 2021). Markus Böll, Präsident der Bauwirtschaft Baden-Württemberg, betont die Wichtigkeit einer verstärkten Fokussierung auf regional verfügbare Rohstoffe, was auch einer der Grundpfeiler der Zero Kilometer Materials ist (siehe Trendwörterbuch, S 42). Er zählt auf, wie diese Fokussierung gelingen kann: „An erster Stelle steht dabei die Weiterentwicklung recycelter Baustoffe. Aber auch heimische Steinbrüche, Kiesgruben, Gipsvorkommen, Stahl- und Zementwerke machen uns unabhängig vom Weltmarkt und leisten ihren Beitrag zur Klimaschonung" (vgl. solid UNIT 2021).

> **„Bauen ist nicht das Problem, Bauen ist die Lösung für Klima- und Umweltschutz."**
>
> Thomas Möller, solid UNIT (vgl. solid UNIT 2021)

Circular Building

Obwohl wir die Nutzung von Beton wahrscheinlich in naher Zukunft nicht komplett aufgeben können, können wir sie sicherlich verbessern und kreislauffähiger gestalten. Dies war eines der Themen auf der Biennale 2021 in Venedig, die unter dem Motto „How Will We Live Together?" stand. Das Schweizer Unternehmen Holcim, einer der weltweit führenden Anbieter von Baumaterialien, stellte dort gemeinsam mit Zaha Hadid Architects die 3D-gedruckte Betonbrücke „Striatus" aus. Mit diesem Projekt soll eine „neue Sprache für Beton" eingeführt werden: digital, umweltfreundlich und kreislauforientiert. In der Brücke „Striatus" wird Beton optimal genutzt, indem er mit minimalem Materialeinsatz genau dort eingesetzt wird, wo er gebraucht wird. Alle Komponenten sind so konzipiert, dass sie demontiert und wiederverwendet werden können. Außerdem können diese leicht und mit geringem Energie- und Kostenaufwand recycelt werden, da keine Materialsortierung erforderlich ist, weil keinerlei Verstärkungen, Klebstoffe oder Bindemittel genutzt werden. Zwar erstreckte sich die Brücke während der Biennale nicht tatsächlich über einen der vielen Kanäle Venedigs, sie wurde aber auf einer Wiese ausgestellt, um zu beweisen, dass man mit dieser Technologie im Vergleich zu einer traditionellen Betonbrücke nicht nur Material sparen, sondern auch wirtschaftlich sein kann. Jan Jenisch, CEO von Holcim, ist überzeugt, dass diese Technologie ganze Stadtstrukturen umwandeln und erschwinglichen Wohnraum in bedürftigen Gebieten schaffen kann (siehe striatusbridge.com).

Das Braunstein Taphouse von Adept Architects, das im Hafen der dänischen Stadt Køge errichtet wurde, besteht aus nur wenigen Baustoffen und ermöglicht so einen unkomplizierten Abbau und erleichtert sein Recycling.

Foto: Rasmus Hjortshøj

Gebäude so zu bauen, dass sie vollkommen recycelt werden können, ist eine langfristige Vision.

Recycling von Gebäuden

Eine der größten Herausforderungen in der Baubranche ist der Umgang mit all den Gebäuden und Konstruktionen, die bereits gebaut sind. Ein Gebäude kann nur dann ökologisch und ökonomisch abgerissen und demontiert werden, wenn man es auch recycelbar gebaut hat – wie es in der Cradle-to-Cradle-Wirtschaft und im Cradle-to-Cradle-System der Fall ist. Ein Beispiel für ein Design, das so gebaut wurde, dass es einfach wieder demontiert werden kann, ist das Braunstein Taphouse in Dänemark. Das aus Holz bestehende Mikrobrauerei-Café, das gleichzeitig als Veranstaltungsraum und Besucherzentrum dient, wurde von Adept Architects für eine begrenzte Lebensdauer entworfen und nur mit mechanischen Verbindungselementen und ohne Malerarbeiten gebaut, um das Recycling zu erleichtern (siehe adept.dk).

Während die Recycelbarkeit ganzer Gebäude die langfristige Vision und das Ziel vieler Neubauprojekte ist, sind kurzfristige Lösungen wie das Recycling von Beton und anderen Materialien, die für den Bau genutzt werden, dringlicher. Unternehmen wie der Baumaschinenhersteller Rubble Master sind beim Betonrecycling ihrer Zeit weit voraus – bereits vor 25 Jahren schufen sie mit kompakten, mobilen Brechanlagen einen neuen Markt für Betonrecycling. Bau- und Abrissabfälle werden vor Ort auf der Baustelle zerkleinert und dann zum Auffüllen von Kellergruben, für Bodenbeläge oder für das Ebnen von unebenem Gelände oder beim Straßenbau wiederverwendet. Dadurch werden nicht nur Materialien und Abfall eingespart, sondern auch Geld, denn der Abtransport von Abrissmaterial ist relativ teuer. Die Maschinen von Rubble Master sind außerdem dieselelektrisch oder vollelektrisch – das Unternehmen hat schon früh die Notwendigkeit erkannt, die Emissionen auf den Baustellen zu reduzieren.

Bei Rubble Master geht es allerdings oft nur um das „Downcycling" von Materialien: Ein altes Haus wird zum Beispiel dazu verwendet, um daraus ein Fundament für ein neues zu kreieren. Eine Initiative in Salzburg versucht dagegen, noch eins draufzusetzen und aus einem alten Haus ein komplett neues zu bauen. Roland Wernik, Geschäftsführer von Salzburg Wohnbau und Gründer des Betonrecycling-Projekts, spricht sich für Rückbau statt Abriss aus und fordert mehr Anerkennung für alte Gebäude, die als wichtige

Circular Building

ZEMENTFREIER BETON
BEST PRACTICE: ERDBETON, OXARA

Das ETH-Spin-off-Start-up Oxara hat ein Verfahren entwickelt, das es erlaubt, lehmhaltiges Aushubmaterial ohne Zugabe von Zement in einen alternativen Beton zu verwandeln. Dieses Verfahren verleiht dem Lehmbau fast alle Verarbeitungsvorteile von Beton, und ist dabei 2,5-mal günstiger und 20-mal umweltfreundlicher. Der Erdbeton lässt sich im frischen Zustand gießen, härtet rasch aus und eignet sich für den Einsatz in Böden und nichttragenden Wänden. Der Name Oxara kommt aus der nordtogolesischen Sprache Lamb-Kabyè und bedeutet „Zusammenkunft und Gemeinschaft". Bei Oxara treffen Akteurinnen und Akteure des Bau-Ökosystems aufeinander, um eine innovative und nachhaltige Bauindustrie zu etablieren. Die beiden Gründer und Entwickler Gnanli Landrou und Thibault Demoulin möchten aber nicht nur die Bauindustrie nachhaltiger gestalten, sondern auch einen Beitrag für Landrous Heimatkontinent Westafrika leisten und dort dafür sorgen, dass Wohnen und Bauen erschwinglicher werden.
oxara.ch

VORHANDENE POTENZIALE NUTZEN
BEST PRACTICE: RESSOURCENRÜCKGEWINNUNG, MATERIALNOMADEN

Statt auf Recycling setzt das österreichische Unternehmen materialnomaden auf Rückgewinnung von Ressourcen, um die Kreislaufwirtschaft weiter anzukurbeln. Die materialnomaden verstehen die bereits bebaute Umwelt als vorhandene Ressource und können dadurch auf ein enormes Potenzial zurückgreifen. Durch Rückgewinnung werden große Mengen an CO_2 und Wasser gespart, die bei der Neuproduktion der Baustoffe anfallen würden. Das Unternehmen bietet Dienstleistungen zur Bewertung von Material und Gebäudekomponenten an und erstellt Machbarkeitsstudien und Bauteilkataloge, um das Rückgewinnungspotenzial bestimmter Materialien evaluieren zu können. Im re:store verkaufen die materialnomaden rückgewonnene und aufbereitete Bauteile – von Parkett über Glastüren bis zu Dämmmaterial. Bis Dezember 2020 wurden bereits 60.000 Bauteile aufbereitet und weiterverkauft, ein Teil davon ging in den Bau des Social-Business-Hotels Magdas in Wien.
materialnomaden.at

VOLL MIT LUFT

BEST PRACTICE: KOHLENSTOFFNEGATIVER BIOKUNSTSTOFF, MADE OF AIR

Die deutsche Marke Made of Air stellt einen speziellen Biokunststoff her. Dieser enthält Biokohle, eine kohlenstoffreiche Substanz, die bei der Verbrennung von Biomasse ohne Sauerstoff entsteht und somit verhindert, dass der Kohlenstoff als CO_2 entweicht. Der kohlenstoffnegative Biokunststoff kann für Fassaden verwendet werden. Erst kürzlich wurde er in der Fassade eines Autohauses in München verbaut, wobei die Installation nach Angaben des Unternehmens ganze 14 Tonnen Kohlenstoff speicherte.
madeofair.com

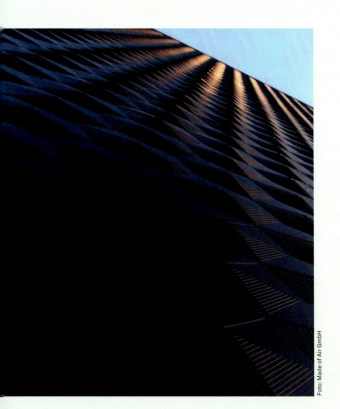

Foto: Made of Air GmbH

Ressourcenquelle in der aktuellen Situation dienen können. Das Ziel der neu gegründeten Initiative CICO – Circle Concrete ist, dass der beim Rückbau von Gebäuden wiedergewonnene Altbeton erneut für die Herstellung von Beton mit möglichst hoher Qualität zum Einsatz kommt. „Beton ist ein Baustoff, der mit dem Alter nicht schlechter wird, sondern in der Regel sogar noch an Festigkeit zunimmt", sagt Clemens Deisl von Deisl Beton, ebenfalls Partner der Initiative. „Die Dauerhaftigkeit ist auch ein Grund dafür, dass sich Beton so gut zum Recyceln eignet und mit einer hohen Verwertungsquote wieder in den Stoffkreislauf zurückgeführt werden kann" (vgl. Innovations- und Technologietransfer Salzburg GmbH 2020).

Die Schweiz ist ein Vorbild in Sachen Recyclingbeton: Dort wird im Hochbau schätzungsweise bereits etwa zu 25 Prozent Recyclingbeton eingesetzt. Das kommt daher, dass die Gesteinskörnungen in der Schweiz knapper und teurer sind – deshalb ist auch der wirtschaftliche Druck größer, auf Recyclingbeton zurückzugreifen. Führend ist dabei die Stadt Zürich: Bei Neubauten muss nach Möglichkeit die Hälfte des Betons recycelt sein. Die Stadt hat per Beschluss festgelegt, bei eigenen Baumaßnahmen gezielt Recyclingbeton auszuschreiben und möglichst umfassend einzusetzen (vgl. Meßner 2021). Andere Länder liegen noch weit zurück. Um diese Entwicklungen in Österreich voranzutreiben, lautet das Hauptziel der CICO-Projektpartner, mindestens 70 Prozent des Betons in Salzburg wiederzuverwerten und Recyclingbeton als hochqualitativen Baustoff zu etablieren. Tatsächlich ist es aber auch eine Frage des Mindsets: Viele Architekten, Bauherren und Planerinnen zeigen sich noch zurückhaltend gegenüber dem Einsatz von Recyclingbeton. Hinterfragt werden vor allem die Festigkeit und Dauerhaftigkeit – doch inzwischen gibt es zahlreiche Normen, die sicherstellen, dass das recycelte Material den Anforderungen entspricht.

Circular Building

Den Charakter einer Stadt kann man laut der Philosophie von They Feed Off Buildings an ihrem Bauschutt erkennen. Das Berliner Unternehmen sammelt diesen und stellt daraus neue Möbelstücke wie diese Beistelltische her.

Einige Betonhersteller konzentrieren sich bereits auf Recyclingbeton: So entwickelt zum Beispiel das Unternehmen Baumit unter dem Label GO2morrow Baustoffe, deren Rohstoffbasis zu 100 Prozent aus recycelter Körnung besteht. Den Anfang macht Baumit GO2morrow Recycling Beton B20, der seit 2021 auf dem Markt ist. Die gewaschene, sortenrein recycelte und qualitätsgesichert zur Verfügung gestellte Betonbruchkörnung ersetzt hier zu 100 Prozent die bisher verwendete Kalksteinkörnung. So werden Baustoffe wieder zu Baustoffen, Beton wird wieder zu Beton. Der Recyclingbeton eignet sich optimal für kleinere Bauvorhaben im Garten oder zum Verfüllen von Schalsteinen (siehe baumit.at).

Innovative Netzwerke

Die Begeisterung für nachhaltige Gebäude und Circular Building ist groß. Konkrete Maßnahmen werden meist dennoch nicht ergriffen, oft fehlt spezifisches Know-how. Mitunter erweist sich die Kennzeichnung, Prüfung und Kontrolle zirkulärer Wertschöpfung als größte Herausforderung. Zwar nimmt die Verwendung des Wortes zirkulär zu – der Begriff wird aber nicht immer im Zusammenhang mit offiziellen Cradle-to-Cradle-Zertifizierungen genutzt. Um eine solche Zertifizierung zu erhalten, müssen strenge Parameter eingehalten werden (siehe Certification Club, S. 92).

Branchen-Insight Nachhaltiges Bauen

FUNGUS GEGEN FEUER
BEST PRACTICE: GEBÄUDEISOLIERUNGEN, BIOHM

Das Biotechnologieunternehmen Biohm verwendet Myzel zur Herstellung von Gebäudeisolierungen. Myzele sind die Gesamtheit der fadenförmigen Zellen eines Pilzes, also das Wurzelsystem von Pilzen. Pilzmyzele können zu einer Größe von über einem Quadratkilometer wachsen, ein enormes Alter erreichen und mindestens 16 Tonnen Kohlenstoff pro Monat aus der Atmosphäre absorbieren, während sie wachsen. Myzel ist schnell wachsend und kann günstig in speziell darauf ausgerichteten Bioreaktoren produziert werden. Dieses besondere Biomaterial „ernährt" sich von landwirtschaftlichen Abfällen und bindet den Kohlenstoff, der in der Biomasse gespeichert war. Nachhaltigkeitsexperte David Cheshire bezeichnet Myzel als Teil der Lösung, um Gebäude kohlenstoffnegativ zu machen. Denn neben seiner Eigenschaft, Kohlenstoff zu binden, ist Myzel von Natur aus feuerhemmend und hat bessere Isolationseigenschaften als die meisten Standardisolierungen (vgl. Fairs 2021a).
biohm.co.uk

Foto: Biohm Ltd.

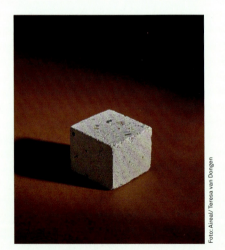
Foto: Aireal/ Teresa van Dongen

SAND STREUEN GEGEN CO_2
BEST PRACTICE: MINERALSTOFFNUTZUNG, AIREAL

Olivin ist eines der am häufigsten vorkommenden Mineralien auf der Erde. Das Besondere an diesem Mineralstoff ist, dass er ist in der Lage ist, CO_2 aus der Luft zu binden, sobald er zerkleinert und auf den Boden gestreut wird. Olivin eignet sich daher sehr gut als Ersatz für Sand oder Kies in der Landschaftsgestaltung, während eine kohlenstoffhaltige Version als Zusatzstoff bei der Herstellung von Zement verwendet werden kann. „Es absorbiert CO_2 sehr leicht", sagt Teresa van Dongen, die das Mineral in eine spezielle Online-Bibliothek von kohlenstoffbindenden Materialien aufgenommen hat. „Eine Tonne Olivinsand kann bis zu eine Tonne CO_2 aufnehmen. Man muss es nur ausstreuen, und die Natur tut ihre Arbeit" (vgl. Fairs 2021b).
aireal-materials.com

Circular Building

> „NEST's mission is to accelerate research and innovation for construction. You can validate your prototypes here in a real-life environment."
>
> Reto Largo, NEST (vgl. Cermak 2021)

Für die bessere Einschätzung der Nachhaltigkeit bestimmter Materialien gibt es inzwischen Programme wie den EC3 (Embodied Carbon in Construction Calculator), der Kohlenstoffauswirkungen der gängigsten Baumaterialien vergleicht. Momentan können Beton, Stahl, Metallrahmen, Isolierung, Verglasung, Aluminium, Gipskarton- und Deckenplatten verglichen werden. Eine Institution, die versucht, die Wahrnehmung und Praxis rund um nachhaltiges Bauen zu verändern, ist die DGNB (Deutsche Gesellschaft für Nachhaltiges Bauen). Geschäftsführerin Dr. Christine Lemaitre ist zugleich auch die Gründerin der Plattform norocketscience.earth, einer Stiftung, die es sich zum Ziel gesetzt hat, die besten Praktiken und das wichtigste Know-how für den Bau nachhaltiger Gebäude leicht verständlich zu vermitteln. Laut der Stiftung ist die Online-Plattform „kompakt, verständlich, ohne viel Schnickschnack drumherum. Statt immer weiter in die Detailtiefe einzutauchen oder das Rad zum x-ten Mal neu zu erfinden, gibt es hier direkt anwendbares Wissen -to-Go – von Experten gestiftet, von Experten geprüft" (siehe norocketscience.earth).

Eine interessante und innovative öffentlich-private Partnerschaft in Europa ist NEST (Next Evolution in Sustainable Building Technologies): Ein modulares Forschungs- und Innovationsgebäude der Empa und der Eawag mit Sitz in Zürich. Dort werden neue Technologien, Baumaterialien und Systeme unter realen Bedingungen getestet, erforscht, weiterentwickelt und validiert. Die enge Kooperation mit Partnern aus Forschung, Wirtschaft und öffentlicher Hand führt dazu, dass innovative Bau- und Energietechnologien schneller auf den Markt kommen. NEST trägt dazu bei, den Umgang mit Ressourcen und Energie nachhaltiger und kreislaufgerechter zu gestalten. Je nach Nachfrage und Forschungsbedarf können spezielle Units designt und gebaut werden, die sich mit einer bestimmten Fragestellung beschäftigen. So schufen zum Beispiel Dirk Hebel und Felix Heisel aus dem Architekturbüro Werner Sobek die Unit Urban Mining and Recycling. Das elegante und zeitgemäße Gebäude besteht aus verschiedenen Modulen und ist deshalb vollständig zerlegbar, alle Materialien sind wiederverwendbar. Die Fassade der Unit besteht aus Aluminium und Kupfer, welche jederzeit wieder getrennt, eingeschmolzen und recycelt werden können. Das gesamte Gebäude ist ein Vorzeigeobjekt für Recycling: Es gibt Bausteine, die aus Pilzen bestehen, das Innenisolationsmaterial ist aus recyceltem Jeansstoff, die Wände enthalten recycelte Tetrapaks. Laut Reto Largo, Geschäftsführer von NEST, bietet die Organisation die Möglichkeit, an Innovationen für Baukonstruktionen zu forschen und die Prototypen direkt in einer realen Umgebung zu testen (vgl. Cermak 2021).

Abfall auf Baustellen vermeiden

Baustellen sind nicht gerade für ihre Eleganz oder Sauberkeit bekannt. Außerdem fällt oft eine große Menge Bauabfall an, wie etwa Dämmmaterial, das für gewöhnlich in den allgemeinen Bau-Müllhaufen geworfen wird. Wie oft sind Sie schon an einer Baustelle vorbeigegangen und haben ein hässliches, buntes Meer aus kleinen rosa, weißen oder gelben Dämmstoffresten gesehen? Das Dämmstoffunternehmen Austrotherm kündigte im März 2021 die kostenlose Abholung von sauberen Materialresten auf Baustellen an. Seit Jahrzehnten verfolgt das Unternehmen das Ziel, Alltag und Klima durch die Herstellung hocheffizienter Dämmstoffe zu verbessern. Mit seinem österreichweiten XPS-Recyclingservice startet Austrotherm als erstes Unternehmen klimaneutral in eine nachhaltige Kreislaufwirtschaft (vgl. Österreichischer Wirtschaftsverlag GmbH 2021). Durch den Service sparen Kundinnen und Kunden Entsorgungskosten und schonen im Sinne von Umwelt- und Klimaschutz wertvolle Ressourcen.

Abfallstoffe aus dem Bau sind das Spezialgebiet von Dirk Hebel, der neben seiner Tätigkeit als Architekt auch Dekan der Fakultät für Architektur am Karlsruher Institut für Technologie (KIT) ist und dort die Professur Entwerfen und Nachhaltiges Bauen innehat. Hebel sieht Städte als ein riesiges Materialreservoir für die Bauindustrie. Die Rückgewinnung von Materialien durch Urban Mining ist ein großer Schritt in Richtung Circular Building. Um zu zeigen, dass es schon heute möglich ist, nach den Prinzipien der Kreislaufwirtschaft zu planen und zu bauen, haben Hebels Studierende 2019 einen kreisförmigen Glaspavillon aus recyceltem Glas errichtet. Zum einen nutzt der Pavillon die vorhandene Urban Mine: Alle im Projekt verwendeten Materialien haben bereits mindestens einen Lebenszyklus durchlaufen, entweder in gleicher oder in einer anderen Form. Zum anderen fungiert der Glaspavillon als Materialdepot, da die Materialien nach Ende der Ausstellung wieder zur erneuten Verwendung zur Verfügung stehen (vgl. Sigmund 2019).

Temporäre Lagerung von Baumaterialien

Einer der Vordenker der Kreislaufwirtschaft im Bauwesen ist der Architekt Thomas Rau. Rau hält nicht am Recycling im klassischen Sinne fest, sondern spricht von einer Rückgewinnung von Ressourcen. Jede Ressource sollte in seinen Augen als „Limited Edition" betrachtet werden. Als Gründer von Madaster, einem Online-Rohstoffregister, entwickelte Rau das Modell Turntoo. Er betrachtet Gebäude als Materiallagerstätten: Die Baumaterialien werden in den Gebäuden nur temporär gelagert und später weiterverwendet (siehe turntoo.com). Dahinter steht die Idee, dass Bauherrinnen oder Entwickler keine Produkte, sondern Dienstleistungen kaufen, weshalb auch die Hersteller daran interessiert sind, dass ihre Produkte einen möglichst langen Lebenszyklus haben. Mit dem Bau der Triodos Bank im niederländischen Dreibergen-Rijsenburg wurden seine Ideen in die Praxis umgesetzt. Alle Materialien werden bis ins kleinste Detail in einem Rohstoffpass erfasst – bis hin zu den 165.312 Schrauben! Rau glaubt, dass Veränderungen im Sinne der Kreislaufwirtschaft nur dann funktionieren, wenn es einen finanziellen Nutzen bringt – der gute Wille allein reicht nicht, um langfristige Veränderungen anzustoßen. Die Triodos Bank ist deshalb das erste Gebäude der Welt, das seinen Materialwert als Vermögenswert in die Bilanz aufnimmt (vgl. Mehl 2019).

Circular Building

HOLZABFALL IN 3D

BEST PRACTICE: ABFALLNUTZUNG, FORUST

Die Holzindustrie erzeugt eine Menge Abfall in Form von Sägemehl und Lignin. Das Unternehmen Forust hat allerdings eine Möglichkeit gefunden, diesen Abfall in ein 3D-Druck-Filament zu verwandeln. Durch die Herstellung von Produkten aus Abfällen hofft das Unternehmen, die Abholzung vieler weiterer Bäume zu verhindern und gleichzeitig zu vermeiden, dass das Abfallholz verrottet oder verbrannt wird, was den gespeicherten Kohlenstoff wieder freisetzen würde.
forust.com

In diesem Haus verbergen sich Pilze und Tetrapacks. Allerdings nicht im Kühlschrank, sondern in den Wänden als innovatives Baumaterial, denn bei der Urban Mining and Recycling Unit handelt es sich um ein Forschungsgebäude für innovative Recyclingtechniken.

Foto: Zooey Braun

Einer der kleinen Pioniere der Wiederverwendung in Österreich sind die materialnomaden in Wien, die „Expertise zu Architektur, Stadtplanung, Baudurchführung und Restaurierung, Kunst und Design sowie Tragwerksplanung und angeleitetem Selbstbau" anbieten (siehe materialnomaden.at). Eines der Probleme bei der Wiederverwendung von Materialien sind die Kosten – wie die Architekten von cityförster architecture + urbanism beim Bau eines Recyclinghaus in Hannover herausgefunden haben. 90 Prozent der Materialien in der Fassade des Recyclinghauses waren schon einmal in anderen Projekten verbaut. Auch innen fanden hauptsächlich gebrauchte, recycelte und recyclingfähige Baustoffe Verwendung. Wirtschaftlich günstiger ist das Bauen mit wiederverwendeten Bauteilen nicht: „Der Zeitaufwand für Materialrecherche, der vorsichtige Ausbau und die Aufbereitung der Bauteile ist teuer" (vgl. Zettel 2021). Trotzdem will der Bauherr der Verwendung von Recyclingmaterial und ressourcenschonendem Bauen bei künftigen Projekten mehr Beachtung schenken, auch wenn das Recyclinghaus nicht in Serienproduktion gehen kann.

Das Design- und Architekturkollektiv They Feed Off Buildings (TFOB) aus Berlin will entsorgten architektonischen Resten neues Leben einhauchen. So wie jedes Gebäude seine eigene, einzigartige architektonische Identität besitzt, entstehen die Materialien von TFOB auf Grundlage der in bestimmten Regionen oder Bauprojekten vorhandenen Materialien. Das TFOB-Team des Projekts Urban Terrazzo reist durch verschiedene Städte, um die Verwendung von verfügbarem Material aus architektonischem Abriss zu erforschen (siehe urbanterrazzo.com). „Bauschutt, wat wolln Se 'n damit?", wurden die Gründerinnen zu Beginn auf dem örtlichen Bauhof gefragt. In Berlin sichten sie vor allem Beton. Extrem bunten Beton. „Wenn man den aufschneidet, hat er eine sehr schöne Färbung, weil ja viel Nachkriegsschutt in Berlin verbaut wurde", sagt Co-Gründerin Rasa Weber (vgl. Cichosch 2019). Mehr als 200 Millionen Tonnen mineralischer Bauabfälle fallen pro Jahr in Deutschland an – They Feed Off Buildings haucht einem kleinen Teil davon neues Leben ein.

Ganzheitlich im Kreislauf denken

In der Baubranche wird oft vernachlässigt, wie man andere Details im Bauprozess, etwa den Gerüstbau, zirkulärer gestalten kann. Glücklicherweise gibt es Menschen wie Romesh Aluwihare, die sich darüber Gedanken machen. Seine Composite Scaffolding Company® (CSCo) hat eine neuartige tragende Gerüstlösung aus Verbundwerkstoffen entwickelt, die unter dem Namen S3® bekannt ist – die drei S stehen für safer, smarter, scaffolding. S3® ist ein leichtes, nachhaltiges, wiederverwertbares und umformbares, faserverstärktes „tube and fit"-Polymer-(FRP)-Gerüst. Weitere Vorteile dieses Gerüsts sind, dass es chemisch inert, nicht leitend, nicht korrosiv und thermisch neutral ist und das Potenzial hat, hohen Belastungen standzuhalten, während es das Gewicht eines konventionellen Metallgerüsts um bis zu 75 Prozent reduziert, was wiederum Kohlenstoffemissionen einspart. S3® zielt in erster Linie auf den globalen Offshore- und Gewebewartungsmarkt ab, kann aber auch in anderen Sektoren wie in der Stilllegungsunterstützung, im Wohnungsbau, in der Wartung von Windkraftanlagen und im Wiederaufbau eingesetzt werden. Auf dem konventionellen Markt gibt es derzeit hauptsächlich Stahlrohre, Stahlbeschläge und Holzplatten, die schwer und langsam zu bewegen sind. Diese Materialien verrosten außerdem und können damit Gesundheits- und Sicherheitsrisiken verursachen. Aluwihare ist der festen Überzeugung, dass S3® die Zukunft der temporären Arbeiten im 21. Jahrhundert darstellen wird.

Kreislauforientiertes Bauen bedeutet, den gesamten Bauprozess zu überdenken – von der beliebter werdenden Off-Site-

Circular Building

Foto: Yuri Mytko

COOLER BETON

BEST PRACTICE: NEGATIVEMISSIONEN, CARBICRETE

Das kanadische Unternehmen Carbicrete ist sich sicher, bald negative Emissionen bei der Herstellung seines Produkts zu erreichen: Der spezielle Beton kann während seiner eigenen Produktion Kohlenstoff aufnehmen. Derzeit fängt Beton hauptsächlich Industrieemissionen auf – was bedeutet, dass der Beton die Menge an neuen Emissionen, die in die Atmosphäre gepumpt werden, reduziert, nicht aber das atmosphärische CO_2. Sobald der Beton von Carbicrete jedoch CO_2 über die direkte Luftabscheidung („Direct Air Capture", kurz DAC) aus der Atmosphäre absorbieren kann, wäre das Material endgültig kohlenstoffnegativ. Dann, so Chris Stern, CEO des Unternehmens, „sind es negative Emissionen. Wir nehmen dann jedes Mal, wenn wir einen Betonblock herstellen, CO_2 aus dem System" (vgl. Hahn 2021).

carbicrete.com

Bauweise und Modulbauweise bis hin zu den Maschinen, die auf der Baustelle verwendet werden. Aus diesem Grund hat die Stadt Oslo kühn angekündigt, dass bis 2025 alle Baustellen in der Stadt kohlenstofffrei sein werden. Nach dem Erfolg der ersten städtischen Null-Emissions-Baustelle erwartet die Stadt nun, dass etwa bei zehn bis 20 weiteren neuen Bauprojekten im Jahr 2021 schwere Null-Emissions-Geräte wie Bagger, Radlader, Lkw und Bohrgeräte auf der Baustelle eingesetzt werden.

Clean Construction Declaration

Baumaschinenhersteller wie Rubble Master (siehe oben) haben bereits damit begonnen, vermehrt elektrische Maschinen zu produzieren. Ein weiterer Boost für die Zukunft des zirkulären Bauens ist die Erklärung der Cities Climate Leadership Group (C40). Die sogenannte Clean Construction Declaration beinhaltet unter anderem die Verpflichtung, die Emissionen auf Baustellen drastisch zu reduzieren. Außerdem sollen ab 2025 nur noch emissionsfreie Baumaschinen beschafft und nach Möglichkeit eingesetzt werden. Derzeit haben rund 40 Städte auf der ganzen Welt die Erklärung unterzeichnet, darunter Oslo, Budapest und sogar Großstädte außerhalb Europas wie Los Angeles und Mexiko-Stadt.

In York, Großbritannien, hat die Stadtverwaltung bereits den Klimanotstand ausgerufen und sich dazu verpflichtet, bis 2030 komplett kohlenstofffrei zu werden – dieses Ziel ist noch ehrgeiziger als das von der britischen Regierung für 2050 gesetzte. Der für den Wohnungsbau zuständige Stadtrat der britischen Grünen ist entschlossen, Häuser zu bauen, die warm und komfortabel sind und die Kosten auf ein extrem niedriges Niveau bringen, die aber auch für eine sehr lange Zeit einen großartigen Ort zum Leben bieten und die angepasst werden können, wenn sich die Lebensumstände der Menschen ändern. Ihm zufolge geht es darum, einen ganzheitlich kohlenstoffarmen Lebensstil auf lange Sicht neu zu denken (vgl. Wainwright 2020). Derzeit ist der „Mount Everest des kohlenstofffreien Bauens" in Planung – ein vom Stadtrat geleitetes Wohnprojekt, das 600 Wohnungen umfassen und sich in einem autofreien Fahrradgebiet befinden soll. David Mikhail, Architekt des Projekts, sagt über das ehrgeizige Vorhaben: „Das Passivhaus ist wie ein Basislager, wenn man versucht, den Everest des kohlenstofffreien Bauens zu erklimmen." Das allein ist nicht genug, bei diesem Vorhaben wird der Fokus nicht nur auf eine effiziente Bausubstanz der Häuser gelegt, sondern die Initiatoren möchten weit darüber hinausgehen (vgl. ebd.).

Kreislaufwirtschaft wird wettbewerbsfähig

Es gibt viele Bewegungen und Projekte, die auf eine umfassende Kreislaufwirtschaft abzielen. Sie werden zum Teil durch die Klimaziele, die Auswirkungen der Pandemie, oder auch zunehmend von Banken und Investoren vorangetrieben und unterstützt. „Die ökologischen Vorteile aus Cradle to Cradle lassen sich auch ökonomisch abbilden. Dies erfordert jedoch auch bei Banken und Investoren ein vertieftes Verständnis für C2C-Prinzipien", so Stefanie Voit, Wirtschaftsprüferin, Steuerberaterin und geschäftsführende Gesellschafterin von TS.advisory GbR (vgl. Heuer Dialog GmbH 2021). So gibt es auch immer mehr Wettbewerbe, etwa den Deutschen Nachhaltigkeitspreis, die Circular Building vorantreiben und dem Thema Aufmerksamkeit verschaffen.

Die beiden Gewinner des renommierten Pritzker-Preises für Architektur 2021, Anne Lacaton und Jeann Philippe Vassal, gehen mit ihren Werken einen Schritt in die richtige Richtung, was das zirkuläre Bauen angeht. Das bodenständige Paar verfolgt eine einzigartige und mutige „Niemals abreißen"-Strategie. Sie sind bekannt für die Umwandlung und Wiederbelebung vernachlässigter Gebäude in ganz Frankreich. Auch wenn renommierte Architekturbüros wie BIG Architects oft die Aufmerksamkeit von kleineren Unternehmen ablenken, die in ihrem Bereich oder Kompetenzfeld einen wichtigen Beitrag zum zirkulären Wirtschaften und Bauen leisten, ist dennoch erkennbar, dass es bereits viele verschiedene Möglichkeiten der Kreislaufwirtschaft in der Bauindustrie gibt. Die Kreisläufe können dabei viele verschiedene Größen einnehmen. Doch alle sind nachhaltig und hilfreich.

Foto: Tristram Kenton

Die Composite Scaffolding Company® ermöglicht Zirkularität bereits während dem Bauprozess. Ihre Gerüste sind langlebiger als Metallgerüste und zudem leichter zu transportieren.

FAZIT

→ Jeder Aspekt des Bauprozesses wird derzeit unter die Lupe genommen – nicht nur die Wiederverwertbarkeit von Baumaterialien oder der ökologische Fußabdruck des Bauprozesses, sondern auch die Abfälle, die während des Bauens anfallen, der Gerüstbau und sogar die Emissionen der Maschinen, die auf der Baustelle zum Einsatz kommen.

→ Ein vollständig kreislauforientierter Ansatz ist momentan noch ein mutiger, aber teurer Schritt, weshalb sich viele Planer und Architektinnen derzeit viel eher darauf konzentrieren, den CO_2-Fußabdruck des Bauprozesses zu reduzieren.

→ Um „schmutzige Gebäude", die übermäßig viel CO_2 emittieren, auf lange Sicht effektiv zu verhindern, ist und bleibt es notwendig, staatliche Regulierungen und zielgerichtete Subventionen einzuführen.

Branchen-Insight Nachhaltiges Bauen

Age of Timber

Zukunftsmaterial Holz

Holz wird als Baumaterial immer populärer. Das wahrscheinlich älteste Konstruktionsmaterial der Menschheitsgeschichte – immerhin war schon die Arche Noah aus Holz – wird zum Inbegriff moderner Architektur und Baukunst. Der nachwachsende Rohstoff gilt als nachhaltige Alternative zu Beton und Stahl, weil er viel CO_2-ärmer ist. Holz sorgt für gute Luft, angenehmes Raumklima und ein besseres Lebensgefühl – im eigenen Zuhause, aber auch in urbanen Umwelten. Prestigeträchtige Wettbewerbe für den Bau von „Woodscrapers" sowie die Entwicklung innovativer Technologien in der Holzverarbeitung sorgen dafür, dass Holz immer häufiger für den Gebäudebau, aber auch für Fassaden genutzt wird. Herausforderungen wie Brandschutzmaßnahmen werden immer besser gemeistert. Wir sind im „Age of Timber" angekommen.

„Who can impress the forest, bid the tree, unfix his earthbound root?"

Macbeth

Stellen Sie sich einen Wald vor. Dann stellen Sie sich einen Architekten in diesem Wald vor – einen Architekten wie Michael Green, der, wenn er Bäume betrachtet, deren Höhe nicht in Metern, sondern in Stockwerken von Gebäuden misst: „Ich lebe in Vancouver, in der Nähe eines Waldes, der bis zu 33 Stockwerke hoch wird. Der Rotholzwald an der kalifornischen Küste wächst bis zu 40 Stockwerke hoch. Aber Gebäude aus Holz sind fast überall auf der Welt nur vier Stockwerke hoch" (vgl. Green 2013).

Wenn Bäume also so hoch und stabil wachsen können, warum können wir dann nicht mindestens genauso hoch und noch höher bauen? Dieser Frage haben sich Green und andere Architektinnen und Architekten angenommen. Zum ersten Mal überhaupt sehen wir „Woodscrapers" – Holzkonstruktionen, die höher sind als ein einzelner Baum wachsen kann (siehe auch Facts & Figures, S. 52/53). Diese Hochhäuser aus Holz müssen viele architektonische und technische Herausforderungen meistern: Brandschutzbestimmungen, die natürlichen Alterungsprozesse von Holz, Debatten über Nachhaltigkeit und Sicherheit der Holzhochhäuser. Trotzdem hat das Interesse am Bauen mit dem Rohstoff Holz in den letzten Jahren stetig zugenommen und ist zuletzt nochmals stark angestiegen. Inzwischen ist Holz als Baumaterial sogar so beliebt, dass die Nachfrage größer ist als das Angebot. Das liegt neben dem anhaltenden Bauboom auch daran, dass mehr Holz ins Ausland exportiert wird und dass durch Stürme oder den Borkenkäfer geschädigtes Holz oft nicht genutzt wird oder werden kann. Preissteigerungen und Lieferschwierigkeiten sind die Folge, eine Verbesserung der Lage ist zumindest kurzfristig nicht in Sicht (vgl. Bettzieche 2021).

Holzbau immer beliebter

Holz ist natürlich nicht gleich Holz. Es kann je nach Baumart unterschiedlich hart sein – Kiefer oder Fichte sind eher weich, während Buche oder Eiche härter sind; einige Tropenhölzer sind noch härter. Genauso gibt es viele verschiedene Aufbereitungsmethoden. So stammt Massivholz nicht etwa, wie man vermuten könnte, von einem massiven Baum, sondern ist ein Holzwerkstoff, der aus Holzpartikeln, Fasern, Furnieren und Brettern besteht, die verleimt, genagelt und zusammengefügt werden. Massivholz ist gut für Balken, Platten, Wände und Böden geeignet. Einer der bekanntesten Holzwerkstoffe ist Brettsperrholz (BSP) oder englisch: Cross-laminated timber (CLT). Das flächige Holzprodukt aus mehreren kreuzweise übereinandergelegten und miteinander verleimten Holzlagen hat den Holzbau revolutioniert und ist der Schlüssel zum Einsatz von Holz beim vielgeschossigen Bauen. Die massive Holzplatte kann wie eine Stahlbetonplatte eingesetzt werden. CLT hat den Vorteil, dass das daraus gefertigte Endprodukt weniger wiegt und deutlich belastbarer ist als Vollholz. Besonders beliebt ist CLT in der Vorfertigung. Die einzelnen Module können so bereits in der Produktionshalle exakt geplant und bearbeitet werden. So können Wände, Decken oder sogar ganze Zimmer aus Holz präzise und witterungsunabhängig im Werk vorgefertigt werden. Die fertigen Gebäudeteile müssen dann nur noch zur Baustelle transportiert und zusammengesetzt werden. Durch die Modulbauweise wird außerdem Langlebigkeit erzielt (vgl. Zukunftsinstitut 2017).

Nachhaltig bauen mit Holz

Die Holzbauweise hat viele Vorteile für die Umwelt. Schätzungen zufolge könnte mit dem Austausch von Stahlträgern durch Holzwerkstoffe wie CLT der Kohlenstoffdioxidausstoß um fast zehn Tonnen pro Tonne Holz reduziert werden. In einem anderen Beispiel wurde mit der Nutzung von Holzfußböden anstelle von Betonbodenplatten der CO_2-Fußabdruck um etwa 3,5 Tonnen Kohlenstoffdioxid pro verwendeter Tonne Holz reduziert (vgl. Lippke et al. 2011). Die gute Ökobilanz liegt zusätzlich daran, dass Holzhäuser Kohlenstoff binden können. Denn auch nachdem Holz gefällt ist, speichert es CO_2 – und zwar zwischen 40 und 100 Jahre lang. Holz lässt sich außerdem sehr energiearm rückbauen und recyceln und kann viel umweltfreundlicher beseitigt werden als Baustoffe wie Stahl oder Beton (vgl. Linner 2019).

Der Versuch, nachhaltiger zu bauen, bedeutet allerdings auch einen erhöhten Druck auf Wälder und nachhaltige Holzplantagen. In Österreichs Wäldern entsteht jede Sekunde ein Kubikmeter Holz. Am Tag ergäbe das Baumaterial für 2.160 Häuser aus Holz. Ein Drittel des jährlichen Holzzuwachses würde genügen, um alle Gebäude in Holz zu bauen (vgl. proHolz Austria 2021). Holz ist also eine nachwachsende Ressource, trotzdem muss auf die Erhaltung des Waldbestands geachtet werden. Wie bei jeder Bauart gibt es beim Holzbau bessere und schlechtere Praktiken, sodass aus ökologischer Perspektive manchmal zu Recht eine Diskussion über Beschaffungsmöglichkeiten und Nachhaltigkeit geführt wird. In jedem Zweig der Bauindustrie müssen Kompromisse ausgehandelt werden – ein angemessenes, strenges und vor allem vertrauenswürdiges System der Kennzeichnung und Zertifizierung ist nötig. Eine der bekanntesten für Holz ist das FSC-Siegel. FSC steht für „Forest Stewardship Council" und ist ein internationales Zertifizierungssystem für nachhaltigere Waldwirtschaft. Holz und Holzprodukte mit FSC-Siegel kommen aus Wäldern, die verantwortungsvoll bewirtschaftet werden.

Holz wird nicht nur für den Gebäudebau eingesetzt, sondern auch immer häufiger für die Fassade oder Außenverkleidung. Ironischerweise ist der Faktor der Verwitterung, der Architekten und Architektinnen zuvor davon abhielt, Holz für Fassaden zu verwenden, genau der Grund, warum es heutzutage zunehmend eingesetzt wird. Denn dadurch kann ein authentisches und natürlich alterndes Aussehen geschaffen werden. Ebenso steigt das Interesse für Thermoholz – Holz, das ausschließlich mit Wärme und Wasserdampf modifiziert und stabilisiert wird. Ziel der thermischen Holzmodifikation ist es, technische Eigenschaften des Baustoffs Holz zu verbessern: Durch die Hitzebehandlung wird eine hohe Fäulnisresistenz erreicht. Damit eignen sich auch heimische Hölzer für den Einsatz im Außen- und Nassbereich, ohne dass nach kurzer Zeit Schäden durch Pilzbefall entstehen, sodass sie statt tropischer Hölzer wie Teak genutzt werden können. Indem die Wasseraufnahmefähigkeit verringert wird, quillt, reißt und schwindet Thermoholz nicht so schnell. Weil bei der Herstellung keine Chemikalien eingesetzt werden, ist Thermoholz eine nachhaltige Wahl für eine natürliche Ästhetik und kann unter verschiedensten klimatischen Bedingungen verwendet werden. Das Unternehmen Lunawood beispielsweise

Foto: Lunawood Oy, Project Ö; Architekten: Aleksi Hautamäki und Milla Selkimäki

Das finnische Unternehmen Lunawood verarbeitet hauptsächlich PEFC-zertifiziertes, finnisches Holz und demonstriert so mit seinem Thermoholz die Langlebigkeit und Witterungsbeständigkeit von Holz als Außenmaterial.

stellt mit einem natürlichen Verfahren unter Einsatz hoher Temperaturen und von Wasserdampf nachhaltiges, ungiftiges Thermoholz her (siehe lunawood.com).

Symbolische Bedeutung von Holz

Holz ist allerdings mehr als nur ein Baumaterial. Es hat eine große kulturelle und psychologische Bedeutung, und in vielen Kulturen der Welt auch eine symbolische: Von Österreich und England über Iran und Ägypten bis Rumänien und Bulgarien berühren Menschen Holz – als Glücksbringer oder im Aberglauben, dadurch etwas Schlimmes abwenden zu können. Die symbolische Bedeutung von Holz schlägt sich ebenso in der Sprache nieder: Der Ausspruch „klopf auf Holz" ist weitverbreitet; wir klopfen auf Holz, um unser Glück zu besiegeln beziehungsweise um Unglück zu verhindern.

Wenn wir Holz in einer seiner vielen Facetten als Baumaterial nutzen, werden wir bewusst oder unbewusst von der Biophilie beeinflusst. Die Biophilie-Hypothese besagt, dass zwischen Menschen und anderen lebenden Systemen eine instinktive Verbindung existiert, und dass wir eine tiefe Bindung zu anderen Lebensformen wie zum Beispiel Bäumen besitzen. Der Begriff wurde von Edward O. Wilson in seinem Buch „Biophilia" geprägt, in dem er Biophilie als „den Drang, sich mit anderen Formen des Lebens zu verbinden" definiert (vgl. Wilson 1984). In Holz finden Menschen Trost, Beruhigung, psychologische Unterstützung, Hoffnung. In diesem Sinne erhält Holz eine neue Bedeutung und Dringlichkeit für die Zukunft des Bauens und Wohnens. Denn gerade in Zeiten multipler Krisen können wir Trost und Unterstützung gut gebrauchen.

Holz bietet außerdem eine Art Ausgleich zu unserem digitalen Leben, es ist eine visuelle Verbindung zur Natur in unserer täglichen Interaktion mit Gebäuden – sei es unser Zuhause, ein Freizeit- oder Arbeitsort oder ein Hotel oder ein Verwaltungsgebäude. Abgesehen von architektonischer Reputation und Design sprechen für Holz auch die vielen Nachhaltigkeitsaspekte, bessere Akustik und Luftqualität sowie die weiche Optik. Der Ansatz der Healthcare Architecture (siehe Home Report 2020, S. 52) beschreibt die Entwicklung, dass im Healthcare-Bereich zunehmend Bauten entstehen, die die Natur in die Architektur integrieren, Ruheoasen, Rückzugsorte und Treffpunkte bieten – oft mithilfe des Baumaterials Holz. Denn inzwischen ist klar, dass Menschen in gesunden Umwelten auch schneller gesund werden.

Holz in der Stadt

Früher wurden hölzerne Strukturen, Behausungen oder Gebäude vor allem mit ländlichen Regionen assoziiert. Im Zuge des Holz-Booms wandern Wälder – in welcher Form auch immer – zunehmend in unsere urbanen Umwelten. Für die Beliebtheit von Holz in Stadtlandschaften ist neben dem Umweltaspekt auch die im Gegensatz zu Stahl und Beton eher weiche Optik des Materials bedeutend. Holzgebäude können die Stadtlandschaft auflockern und bringen Natur in die Architektur. Holz schafft visuell und psychologisch eine ganz andere Ästhetik und Stimmung in Städten. Die Wirkung, die Holz auf uns hat, nehmen wir sowohl bewusst als auch unbewusst wahr – wir stehen mit Holz auf vielen Ebenen in Verbindung. Dies kann der Architekt Michael Green, der sehr erfolgreich im Holzbau ist, bestätigen: „Wenn Menschen ein Holzgebäude von mir betreten, reagieren sie anders: Ich habe noch nie erlebt, dass jemand in eines meiner Stahl-Beton-Gebäude geht und eine Säule umarmt, aber ich habe das tatsächlich in einem meiner Holzgebäude erlebt" (vgl. Green 2013).

Ein Problem in den Städten ist neben dem begrenzten Platz und den baulichen Herausforderungen die Lärm- und Umweltbelastung durch Baustellen. In der Regel wird dieses Problem unterschätzt oder aufgrund von Zeit- und Kostendruck vernachlässigt, allerdings bekommen die Anwohnerinnen, Anwohner und Beschäftigten genau diese Belastungen am deutlichsten zu spüren. Andrew Waugh, Gründungspartner des Londoner Architekturbüros Waugh Thistleton Architects, der seit über 20 Jahren mit vorgefertigten CLT-Paneelen arbeitet, sieht im Bauen mit Holzwerkstoffen große Vorteile, um diese Störfaktoren von Baustellen in der städtischen Umwelt zu minimieren: „CLT-Baustellen sind sauber, leise und trocken, ohne dass ständig Baustellenabfälle, Zementmischer, Bohrhämmer oder Lastwagen auf der Baustelle auftauchen" (vgl. Dunmall 2015).

Age of Timber

HOCH HINAUS
BEST PRACTICE: HOCHHAUS HOHO, WIEN, ÖSTERREICH

Das 24-stöckige, 84 Meter hohe HoHo-Hochhaus in der Seestadt Aspern, Wien, stellt andere österreichische Holzbauten in den Schatten. Das Holzgebäude ist nicht nur in puncto Natürlichkeit ein Erfolg, der Bau selbst ist ebenfalls ein Hingucker: Er erinnert an mächtige Holzklötze mit einer baumrindenähnlichen Fassade. Rund 75 Prozent des Gebäudes, vom Erdgeschoss an aufwärts, bestehen aus Holz. Durch die freiliegenden Holzoberflächen im Inneren wird Holz in diesem Hochhaus zum spürbaren Erlebnis. Denn die Wände, Decken und Stützen sind komplett unverkleidet aus Fichtenholz und erzeugen so eine gemütliche Atmosphäre. Zudem ist die Bauweise relevanter als die Entwickler zunächst dachten: „Das modulare Büroformat erlaubt später individuelle Veränderungen, die jederzeit ohne großen Aufwand modifizierbar sind. Diese flexible Grundrissgestaltung sorgt dafür, dass das Hochhaus für die Mieter nie an Attraktivität verliert, weil es eine sehr lange Lebensdauer in freundlicher Atmosphäre garantiert."
hoho-wien.at

Branchen-Insight Nachhaltiges Bauen

AUF HOLZ KLOPFEN
BEST PRACTICE: BOUTIQUEHOTEL WOOD, WIEN, ÖSTERREICH

Das Hotel Wood in Wien hat Nachhaltigkeit als einen immer stärker werdenden Trend in der Reisebranche anerkannt. Die Einrichtung der 50 Zimmer besteht zur Gänze aus nachhaltig gewachsenen Fichten, und auch die architektonische Struktur und Fassade des Hotels bringen ein Stück Natur in die Stadt. Außerdem wurden für jede der 1.500 Fichten, die beim Bau aus nachhaltig bewirtschafteten Wäldern verarbeitet wurden, ein bis zwei Setzlinge in einem nahe gelegenen Wald gepflanzt. Auch spannend: Der Reiseaufenthalt ist komplett digital organisiert, Gäste erhalten einen digitalen Schlüssel zum eigenständigen Check-in und Check-out mit ihrem Smartphone.
numastays.com/de/locations/wood

Foto: Studio Precht

DOPPELTES HOLZ
BEST PRACTICE: WOHNTURM TREE TOWER, TORONTO, KANADA

Die Pläne von Penda Design für den Tree Tower in Toronto sind spektakulär, nicht nur aufgrund der Höhe – auch der „Double Wood"-Effekt sticht hervor: Nicht nur besteht das Gebäude aus Holz, auf den Balkonen wachsen zudem Bäume, um damit eine passive Kühlung der Umwelt zu fördern. Der 18-stöckige Turm wird 62 Meter hoch sein und 4.500 Quadratmeter Wohnfläche sowie 550 Quadratmeter öffentliche Bereiche mit Café, Kindertagesstätte und Werkstätten für die Anwohnerinnen und Anwohner umfassen. Die Struktur des Gebäudes besteht hauptsächlich aus massiven Holzplatten mit einem Hybrid aus CLT-, Beton- und Stahlelementen, wo dies erforderlich ist – es ist ein prominentes Statement für den Einsatz von Holzwerkstoffen in vertikalen Strukturen. Der Toronto Tree Tower ist ein Pionierprojekt für ein ökologisches System beim Bau von Holzhochhäusern weltweit.
precht.at/toronto-tree-tower

Foto: Numa Groups

Holzbaupioniere

Waugh Thistleton Architects stehen hinter einigen der wegweisendsten Holzkonstruktionen, die in den letzten Jahren entstanden sind. Der Schwerpunkt des Architekturbüros liegt auf nachhaltigen Gebäuden. Sie waren mit die Ersten, die die Potenziale von Holz für hohe Gebäude ausloteten. Das Pilotprojekt des Architekturbüros war Murray Grove, ein neunstöckiges, 30 Meter hohes Holzgebäude in Hackney, London. Von der Struktur über die Wände und Böden bis hin zu den Kernen der Aufzüge und Treppenhäusern besteht es aus Holz. Murray Grove wurde bereits 2008 fertiggestellt und war zu diesem Zeitpunkt das höchste Holzgebäude der Welt. 2017 wurde ein weiterer, 32 Meter hoher Holzbau mit 121 Einheiten in der Dalston Lane in London gebaut, es ist nun das höchste CLT-Gebäude in Großbritannien. Der Londoner Stadtbezirk Hackney, in dem sich dieses Gebäude ebenfalls befindet, fördert Holzbau seit 2012 mit einer „Timber first"-Politik. Dalston Lane verfügt über eine Wohnfläche von über 12.500 Quadratmeter und eine Gewerbefläche von mehr als 3.460 Quadratmeter. CLT-Experten berechneten, dass dieses Gebäude, verglichen mit einem gleichwertigen Gebäude aus einer Betonkonstruktion, 2.400 Tonnen Kohlenstoff einsparen kann. Durch die Verwendung der CLT-Konstruktion ist der enthaltene Kohlenstoff 2,5-mal geringer als bei einer äquivalenten Betonkonstruktion (vgl. White 2015).

Inzwischen gibt es „Woodscrapers", die noch deutlich höher sind als Dalston Lane: Seit seiner Fertigstellung im März 2019 beansprucht das Hochhaus Mjøstårnet in Brumunddal in Norwegen mit über 85 Metern Höhe den Titel des höchsten Holzgebäudes der Welt. Mjøstårnet wurde vollständig aus Holz gebaut, von den großen Innenträgern bis hin zu den Aufzügen. Das 18-stöckige Gebäude besteht aus Brettsperrholz und Brettschichtholz, beides Materialien aus der Region. Mjøstårnet beweist also, dass auch hohe Gebäude mit lokalen Ressourcen, lokalen Lieferanten und nachhaltigen Holzmaterialien gebaut werden können (vgl. Block 2019).

Mjøstårnet wird aber wahrscheinlich nicht lange der höchste „Woodscraper" sein, weitere sind bereits in Planung (siehe Facts & Figures, S. 52/53). Derzeit gibt es eine Art weltweiten Wettlauf um die höchste oder nachhaltigste Holzbauweise. Dafür werden immer mehr Wettbewerbe und Preise ausgeschrieben. Es ist nicht überraschend, dass Skandinavien beim Bauen mit Holz führend ist. Eines der ersten ikonischen Projekte, das die öffentliche Aufmerksamkeit erregt und Architekten inspiriert hat, ist 79&Park von BIG architects in Stockholm, Schweden. Dieses Gebäude präsentiert sich wie ein organisch gewachsener Holzberg – mit Bäumen, die auf Dächern und Balkonen wachsen. Gebaut wurde es mit vorgefertigten Einheiten in standardisierten Größen (siehe big.dk). Bauen mit Holz wird aber nicht nur für Wohngebäude beliebter und begehrter, sondern für jede Art von Gebäuden – von Bahnhöfen wie dem in Trondheim über Banken wie die SR Bank Stavanger und Museen wie das Odunpazari Modern Museum in der Türkei bis hin zu großen Industriegebäuden.

Der Wald als Retter

Die wohl älteste bekannte Holzbehausung ist die Arche Noah – in Zeiten globaler Erwärmung und immer größer werdender Umweltbedenken erhält die Arche eine erhöhte Symbolik als Zufluchtsort. Das Mantra und Ziel der ökologischen Bewegung war es stets, die Wälder zu retten. Tatsächlich aber können die Wälder auch uns Menschen retten – aber auf eine andere Weise, als wir vielleicht annehmen. Das Konzept, sein eigenes Haus wachsen zu lassen, könnte ein zukünftiger Trend sein – ein Trend, bei dem Menschen in nachhaltige Wälder investieren und das Holz aus diesen Wäldern dann für den Bau ihres eigenen Hauses nutzen.

Neben dem zunehmenden Holzbau gibt es eine parallele Bewegung, die mehr Bäume in die Städte bringen will. So gibt es in Kopenhagen und Umgebung eine Initiative namens Partnership Trees, die Bäume an Bürgerinnen und Bürger verschenkt. Es gibt nur eine einzige Voraussetzung: Die Menschen müssen die Bäume hegen und pflegen – und sie so pflanzen, dass sie für alle sichtbar sind und zur Begrünung der Stadt beitragen (vgl. Stoyanov 2020). In der Stadt der Zukunft könnte es möglich sein, aus dem eigenen Holzhaus auf einen „Verwandten" der eigenen vier Wände oder des Daches, der in der Umgebung wächst, zu schauen. Sebastian Desch, Chefdesigner von TEAM 7, betont die positiven Qualitäten von Holz: Holz kann Menschen Wärme, Geborgenheit und Sicherheit geben. Er ist überzeugt, dass Holz das Material der Stunde ist – und es auch weiter sein wird (siehe team7-home.com).

Foto: Nikolaj Jakobsen

LANGLEBIG, ABER RÜCKBAUBAR

BEST PRACTICE: WOHNTURM TALL TIMBER BUILDING, VÄSTERÅS-KAJSTADEN, SCHWEDEN

Der schwedische CO_2-speichernde Wohnturm Tall Timber Building in Kajstaden, einem neuen Stadtteil von Västerås, eine Stunde von Stockholm entfernt, gilt als Leuchtturmprojekt für grünes Bauen. Das von C.F. Møller Architects entworfene Gebäude ist unauffällig, hat jedoch einen hohen nachhaltigen und strukturellen Wert. Es besitzt die ideale Höhe für CLT-Bauweisen, die zwischen drei und elf Stockwerken liegt – mehr Etagen erfordern zusätzliche Elemente wie Betonkerne zur Stabilisierung. Sogar die Aufzugs- und Treppenhausschächte des Tall Timber Building sind aus CLT gefertigt. Dem Gebäude wird eine Lebensdauer von 120 Jahren vorausgesagt, aber trotz dieser beeindruckenden Zeitspanne wurde ein eventueller Rückbau bei der Planung berücksichtigt: Mit Hinblick auf den Lebenszyklus des Gebäudes installierten die Architektinnen mechanische Verbindungen und Schrauben, sodass der Wohnturm später einfach zurückgebaut und die Materialien wiederverwendet werden können.

cfmoller.com

EIN KINDERGARTEN AUS HOLZ

BEST PRACTICE: KINDERGARTEN, SILZ, ÖSTERREICH

Man könnte meinen, dass Holz beim Bau von Schulen und Kindergärten eine naheliegende Wahl sei – jahrelang wurden allerdings Bedenken über die Auswirkungen der verwendeten Chemikalien und Leime geäußert. Neue leim- und metallfreie Systeme räumen diese Befürchtungen nun aus. Für das österreichische Dorf Silz hat der Architekt Armin Neurauter einen preisgekrönten Vollholz-Kindergarten entworfen. Das Projekt, das sich außerhalb der Ortschaft inmitten grüner, bewaldeter Berge befindet, wurde konzipiert, um die Beziehung der Kinder zu Holz und Natur in einer pädagogischen Umgebung aus natürlichen Materialien und nachhaltiger Architektur zu stärken. Das Äußere des Gebäudes besteht aus Holzlatten, die für eine natürliche Belüftung sorgen. Alles, von Böden, Decken und Wänden bis hin zu Möbeln und Spielstrukturen, ist aus verschiedenen Holzarten gebaut – und auch der Abenteuerspielplatz im Außenbereich besteht aus Holzelementen und sorgt dafür, dass den Kindern die Bedeutung natürlicher und nachhaltiger Materialien spielerisch vermittelt wird.

Baue Architektur, Innsbruck

Foto: Timbeco Woodhouse

Foto: Günter Richard Wett

SCHNELL UND UMWELTFREUNDLICH

BEST PRACTICE: MODULARE GEBÄUDELÖSUNGEN, TIMBECO WOODHOUSE, HARJUMAA, ESTLAND

Das estnische Unternehmen Timbeco wurde von der Lifestyle-Bibel Monocle zum innovativsten Bauunternehmen des Jahres 2021 gekürt. Neben vielen Auszeichnungen für Holzhäuser und öffentliche Gebäude verfügt das Unternehmen über eine neue Vorfertigungstechnologie, die die Produktion beschleunigt und daher umweltverträglicher ist. Im Gegensatz zu anderen Firmen legt Timbeco großen Wert auf Schnelligkeit – die Bauzeiten liegen teilweise bei nur einer Woche. Das Unternehmen war am Bau der ikonischen Zentralbibliothek in Helsinki beteiligt und lieferte das Dach und zentrale Holzelemente. Bei der Zentralbibliothek zeigt sich, dass Holz perfekt für urbane Umgebungen und öffentliche Gebäude geeignet ist. Timbeco hofft, dass in Zukunft mehr und mehr öffentliche Gebäude aus umweltfreundlichem Holz gebaut werden.

timbeco.ee

Branchen-Insight Nachhaltiges Bauen

HAUS AUS PAPPE
BEST PRACTICE: **WIKKELHOUSE, AMSTERDAM, NIEDERLANDE**

Ein Papphaus klingt eher nach Kinderspielzeug als nach einem richtigen Gebäude. Doch das preisgekrönte Wikkelhouse belehrt uns eines Besseren: Das Amsterdamer Studio Fiction Factory stellt leichte, modulare Konstruktionen aus Holz, Flachs und Frischfaserkarton her, die problemlos und schnell vor Ort aufgebaut werden können. Durch den Modulbau kann das Wikkelhouse an individuelle Bedürfnisse angepasst werden. Jedes Modul besteht aus insgesamt 24 Lagen Wellpappe, die jeweils um eine hausähnliche Form aus Holz gewickelt und formstabil verklebt werden, und kann ganz einfach mit weiteren Modulen kombiniert werden. Ein solches Haus kann an einem Tag errichtet werden und soll etwa 50 bis 100 Jahre halten. Wenn das Unternehmen mit seinem Plan, ein 100-prozentig biologisch abbaubares Haus zu entwerfen, Erfolg hat, kann das Wikkelhouse dann einfach zurückgebaut und kompostiert werden.
wikkelhouse.com

HAUSBAU: EIN KINDERSPIEL
BEST PRACTICE: **BLOCKSYSTEM ZUM SELBERBAUEN, GABLOK-VLAANDEREN, BELGIEN**

Inspiriert durch die Liebe zu Bauklötzen als Kind und nach 25 Jahren im traditionellen Bauwesen, kam Gabriel Lakatos auf die Idee, seine patentierten ineinandergreifenden Holzklötze zum Bauen zu verwenden. Mit dem Ziel, jeder Person die Möglichkeit zu geben, ein eigenes Bauprojekt umzusetzen, gründete er 2019 das Unternehmen Gablok in Belgien. Das Konzept beruht auf dem simplen Stapeln der Klötze – genau wie beim Lego. Es ist schnell und einfach, da keine Trocknungszeit, kein Leim und keine Konstruktionskenntnisse erforderlich sind. Die Architekten und Architektinnen des Gablok-Teams wandeln den Entwurf der Kundinnen und Kunden in ein Flat-Pack-Kit mit präzisen Angaben um, das genaue Anweisungen für den eigenständigen Bau des Projekts beinhaltet. Dabei werden keine großen Werkzeuge gebraucht – ein Schraubenzieher, eine Leiter und die eigenen Arme genügen, um ein komplett gedämmtes Haus zu bauen. Ihr Motto lautet: „Selber bauen ist ein Kinderspiel!"
gablok.be

FAZIT

→ Die Technologien für den Holzbau verbessern sich, und neue Gesetze, Verordnungen und Subventionen für Holzhochbau sorgen dafür, dass sich das Stadtbild verändert, hin zu mehr Holz. Die Ausschreibung von prestigeträchtigen Wettbewerben für hohe Holzbauten führt auch zu einem höheren Ansehen für innovative Lösungen – vom Einsatz von Wellpappe bis hin zum modularen Bauen – und verstärkt den Trend zum Bauen mit Holz.

→ Beim Holzbau lässt sich CO_2 einsparen. Studien liefern allerdings unterschiedliche Angaben über die tatsächliche Höhe von CO_2-Emissionen von Holzgebäuden. Die Kalkulationen werden noch kniffliger, wenn man den gesamten Prozess betrachtet. Hier sind transparente und vertrauenswürdige Zertifizierungen wichtig (siehe auch Certification Club, S. 92).

→ Holzhäuser sind nicht mehr „traditionelle" oder altmodische Bauweisen, sondern die Option der Zukunft für eine umweltverträgliche Vorgehensweise – nicht nur für Wohnhäuser, sondern zunehmend auch für Industriegebäude.

→ Eine große Herausforderung wird sein, dass nachhaltige Wälder mit der Nachfrage Schritt halten – der Trend zum Bauen mit Holz wird sich halten, auch wenn die Preise steigen und fallen werden.

Branchen-Insight Nachhaltiges Bauen

Certification Club

Die „Alice im Wunderland"-Challenge

Wir kennen Labels und Zertifizierungen vor allem von Lebensmitteln: bio, vegan, ohne Gentechnik. Diese Siegel geben Orientierung und informieren über die Inhaltsstoffe, aber auch über die Herstellungsverfahren und Produktionsbedingungen. Zu viele Zertifizierungen führen zu Unübersichtlichkeit, aber in ihrem Kern sind sie sowohl für Unternehmen als auch für Verbrauchende eine zentrale Entscheidungshilfe. Labels und Zertifikate werden zunehmend in verschiedenen Branchen eingesetzt und vergeben. In letzter Zeit beobachten wir, dass sich immer mehr Zertifikate auch auf Möbel, Inneneinrichtungen oder gar ganze Gebäude beziehen. Das ist ein wichtiger Schritt in eine nachhaltigere Welt.

Branchen-Insight Nachhaltiges Bauen

Selten waren Zertifizierungen so wichtig und erforderlich wie heute.

E s war einmal im Wunderland, als Alice ein kleines Fläschchen bemerkte, auf dem „Trink mich" stand. Sie fragte sich, ob es ungefährlich wäre, es zu trinken, und beschloss: „Wenn man viel aus einer Flasche trinkt, auf der ‚Gift' steht, wird es einem früher oder später sicher nicht mehr schmecken." Aber dies stand nicht auf dem Etikett, und da der Inhalt nicht giftig aussah, trank sie ihn. Es war ein Zaubertrank, der fantastisch schmeckte – eine Mischung aus Kirschtorte, Vanillepudding, Ananas, gebratenem Truthahn, Toffee und heißem Buttertoast. Daraufhin schrumpfte Alice leider auf eine Größe von nur zehn Zentimetern, denn es war immerhin ein Zaubertrank. Zwar scheint Alice in der Geschichte auf lange Sicht nicht zu leiden (und wächst auch wieder, nachdem sie ein Stück Kuchen von einem Teller mit der Aufschrift „Iss mich" isst), doch wäre es eindeutig von Vorteil, die Kennzeichnung zu verbessern, damit man weiß, welche Nebenwirkungen einen erwarten können.

Nachhaltige Gesellschaft durch Zertifizierungen

Selten waren Zertifizierungen so wichtig und erforderlich wie heute. Nachhaltigkeit, Umweltschutz und Klimawandel sind keine Nischenthemen mehr und haben schon längst Eingang in die Mitte der Gesellschaft gefunden. Seien es Verbraucherinnen, Verbraucher oder Unternehmen: Alle wollen ihren Beitrag zu einer nachhaltigen und fairen Gesellschaft leisten. Oft ist es jedoch sehr aufwendig und teils unmöglich, sich die benötigten Informationen zu beschaffen und auf deren Basis eine Entscheidung zu treffen – so wie es auch Alice im Wunderland erging. Hierbei können Labels Abhilfe schaffen. Wer auf Labels setzt, vertraut darauf, dass die vorliegenden Informationen wahr sind und die Zertifikate legitimiert sind. Die Grundlage bildet Vertrauen – und zwar darauf, dass die Zertifikate dafür stehen, was sie versprechen. Hinzu kommt, dass es unter anderem die Zertifizierungsunternehmen sind, die Unternehmen und Verbraucherinnen motivieren, sich mehr mit den Themen Herkunft, Materialien, Arbeitsbedingungen oder dem CO_2-Fußabdruck auseinanderzusetzen. Labels sind also ein wichtiges Mittel dabei, die Gesellschaft nachhaltiger zu gestalten. Bei den Labels hört es aber nicht auf. Sich mit diesen Themen eingehender zu befassen und sich zu informieren, ist weiterhin erforderlich. Nur so wird eine Transformation zu einer nachhaltigeren Wirtschaft und Gesellschaft möglich.

Zertifizierungsdschungel

Bei Labels kann es uns so ergehen wie Alice im Wunderland, wenn es keine offizielle oder zugelassene Stelle gibt, die uns über den Inhalt, die Materialien, die Herkunft und die Versprechen oder sogar die Wirkungen informiert. Bei Lebensmitteln und Getränken hätte Alice zumindest ein wenig von dem neuen EU-Ampelsystem profitiert, das von der Foundation Earth vorgeschlagen wurde und Produkten Öko-Scores gibt, die die Umweltauswirkungen jedes Artikels bewerten und es den Konsumierenden ermöglichen, einfacher zu beurteilen, ob sie Waren mit einem geringen CO_2-Fußabdruck von Lieferanten und Lieferantinnen kaufen, die auf Nachhaltigkeit ausgerichtet sind (siehe foundation-earth.org).

In dem Maße, in dem wir uns unserer Umwelt bewusst werden, suchen wir zunehmend nach vertrauenswürdigen Kennzeichnungen, Umweltverträglichkeitsbescheinigungen und Logos für alles. Von der Farbe an unseren Wänden (chemikalienfrei?) über Gebäudezertifizierungen (grün oder blau-ökologisch?), den Wasserhähnen (Cradle-to-Cradle oder kinderfreie Arbeit?), der Bettwäsche (Ökobaumwolle?) bis hin zur Zahnbürste (pandafreundlicher Bambus?) wollen wir Zertifizierungen sehen. Laut einer Forrester-Umfrage erkundigen sich 51 Prozent der Generation Z vor dem Kauf nach den Praktiken der Unternehmensverantwortung einer Marke (vgl. Kelly 2021).

Wunsch nach Transparenz steigt

Da der Wunsch nach Transparenz und Informationen steigt, steigt auch die Anzahl der Labels, Gütesiegel, Ökozertifikate et cetera. Dadurch wird es allerdings auch immer schwieriger, sich in diesem Meer der Zertifizierungen zurechtzufinden. Die größte Gefahr ist das sogenannte Greenwashing, bei dem die Behauptungen, die Unternehmen über ihre Produkte, Dienstleistungen oder Unternehmenspraktiken aufstellen, nicht begründet oder vertrauenswürdig sind. Aus diesem Grund wurde im Vereinigten Königreich ein Vorschlag zur Einführung eines „Green Claims Code" unterbreitet, der im September 2021 veröffentlicht wurde. Unternehmen werden damit in die Pflicht genommen, ihre Produkte und Dienstleistungen nur dann als „grün" zu kennzeichnen, wenn sie es auch tatsächlich sind, um so den Verbrauchenden volle Transparenz zu gewährleisten. Dabei werden beispielsweise einige Prinzipien verfolgt: Angaben müssen wahrheitsgemäß und zutreffend sein, Claims müssen klar und eindeutig sein, Behauptungen sollten keine wichtigen Informationen auslassen oder verbergen (vgl. Corner 2021). Viele Länder und Regionen haben ihre eigenen Systeme, wie zum Beispiel der skandinavische Raum mit dem Nordic Swan Ecolabel.

Zertifizierungen mit Zukunft

Es gibt viele verschiedene Zertifizierungen mit unterschiedlichen Schwerpunkten. Im Folgenden wird eine Auswahl von Zertifizierungszeichen und Logos aufgelistet, von denen wir in Zukunft noch mehr hören werden. Willkommen im Certification Club!

✱ **B Corporation/B Corp**

Einer der relativen Neulinge auf dem Markt ist die B-Corporation-Zertifizierung. Das B steht für „Benefit" – im Sinne von Gerechtigkeit, Integration, Verbesserung und Wirkung. In der „Declaration of Interdependence" der Organisation heißt es: „Alle Unternehmen sollten so geführt werden, dass Menschen und Orte eine vorrangige Rolle spielen. Unternehmen sollten danach streben, durch ihre Produkte, Praktiken und Gewinne keinen Schaden anzurichten und allen zu nutzen. Dies setzt voraus, dass wir in dem Bewusstsein handeln, dass wir alle voneinander abhängig und somit füreinander und für künftige Generationen verantwortlich sind." B Corp setzt sich für eine integrativere und nachhaltigere Wirtschaft ein und berücksichtigt dabei alles, von CO_2-Zielen bis hin zur Arbeit gegen Rassismus. Ein weiteres Ziel von B Corp ist es, dass die zertifizierten Unternehmen „die höchsten Standards für geprüfte soziale und ökologische Leistung, öffentliche Transparenz und rechtliche Rechenschaftspflicht erfüllen, um Gewinn und Zweck in Einklang zu bringen". Es ist auch eine Gemeinschaft von Menschen, die aus ihren Erfolgen und Fehlern lernen und vor allem von anderen lernen (oder bisherige, nicht umweltfreundliche Praktiken verlernen) wollen. Durch die kollektive Verfolgung dieser Ziele können B Corps innovative Strategien und Praktiken entwickeln, die anderen als Vorbild dienen, und Systeme so umgestalten, dass sie allen zugutekommen. Nach einer strengen Prüfung zahlen verifizierte Unternehmen eine jährliche Gebühr, die vom Jahresumsatz abhängt. Das Spektrum der zertifizierten Unternehmen reicht von Bekleidung (zum Beispiel Patagonia) bis zu Textilien (zum Beispiel Pinatex) und von Buchhaltern bis zu Architektinnen und Baumaterialien. Die Mission lautet, wie der Slogan verdeutlicht: B the Change.
bcorporation.net

* **Fairtrade**

Das Fairtrade-Siegel gilt als weltweite Anerkennung der Verpflichtung eines Unternehmens, Ausbeutung zu verhindern. Fairtrade verändert die Art und Weise, wie der Handel funktioniert, durch bessere Preise, menschenwürdige Arbeitsbedingungen und eine gerechtere Behandlung der Bauern und Arbeiterinnen in Entwicklungsländern. Auch wenn das Fairtrade-Siegel derzeit eher mit Bananen und Schokolade in Verbindung gebracht wird, spielt es in der Textilindustrie ebenfalls eine wichtige Rolle. Derzeit sind die meisten Fairtrade-zertifizierten Textilunternehmen in der Bekleidungsindustrie zu finden, die Zertifizierungen werden aber auch in der Inneneinrichtung bei Teppichen, Vorhängen und Polstermöbeln eine zunehmend wichtigere Rolle spielen.
fairtrade.net

* **Cradle to Cradle (C2C)**

Die Cradle-to-Cradle-Zertifizierung stellt Kreislaufdenken in den Mittelpunkt. Sie beurkundet die Verwendung von umweltsicheren, gesunden und wiederverwertbaren Materialien, die entweder technisch wiederverwertet oder kompostiert werden können, den Einsatz von Sonnenenergie beziehungsweise anderen regenerativen Energieformen, den verantwortungsvollen Umgang mit Wasser sowie die Strategien zu sozialen Verpflichtungen des Unternehmens. Das Institut verfügt über einen tadellosen Ruf und über einen großen Lenkungsausschuss für Standards. Zu den Organisationen, die das strenge Bewerbungsverfahren durchlaufen haben und zertifiziert sind, gehören 215 Unternehmen aus dem Bereich der Bauzulieferer und -materialien. Es gibt auch eine gute Auswahl an Produkten, die für die Inneneinrichtung geeignet sind, von Bodenbelägen bis zu Stoffen sowie von Armaturen, etwa von Grohe, bis zu Farben und Verpackungen.
c2ccertified.org

* **Greenpass**

Die Idee hinter dem Greenpass ist es, Planer, Entwicklerinnen und Gemeinden zu unterstützen, in jeder Phase der Stadtplanung und -entwicklung die beste Entscheidung zu treffen. Sei es im Umgang mit den Herausforderungen von Klima, Wasser, Luft, Biodiversität, Energie oder Kosten. Das im Sommer 2021 eröffnete IKEA Einrichtungshaus am Wiener Westbahnhof wurde mit dem Greenpass-Platin-Zertifikat ausgezeichnet, unter anderem für 160 gepflanzte Bäume, die die lokale Temperatur an heißen Tagen um bis zu 1,5 Grad senken.
greenpass.io

* **Grüner Griff**

Die Qualitätsgemeinschaft für bewusste Nachhaltigkeit und Regionalität in der Einrichtungsbranche (siehe auch Conscious Kitchen, S. 26) unterstützt Händler, Partner und Lieferantinnen dabei, einen besseren Beitrag zur Nachhaltigkeit zu leisten und diesen auch sichtbar zu machen. Gleichzeitig werden Verbraucher darüber informiert, wie ihr Verbrauchsverhalten mit dem regionalen Fachhandel vereinbar ist und diesen unterstützen kann. Regionale Verbundenheit und Nachhaltigkeit stehen klar im Fokus.
gruenergriff.de

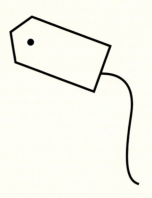

* **PETA**

PETA, die Organisation für den ethischen Umgang mit Tieren, hat eine Rubrik mit Unternehmen, die unter die Kategorie „Humane Home" fallen. Neben den eher üblichen Dingen wie veganen Kissen und Matratzen gibt es sogar eine Empfehlung für das Luxus-Elektroauto Polestar, da es eine vegane Innenausstattung hat. Tatsächlich wird für eine nicht vegane Standardausstattung bei Autos das Leder von drei Kühen benötigt. Die Polestar-Polsterung wird aus WeaveTech hergestellt, das von Neoprenanzügen inspiriert wurde, ist langlebig und modern.
peta.de

Certification Club

Positive Luxury

Positive Luxury ist eine interessante kleine, aber wachsende neue Markengemeinschaft mit einem attraktiven Schmetterlingslogo. Die Butterfly Mark ist eine Zertifizierung der Luxusindustrie, die Marken auszeichnet, die sich für eine positive Auswirkung auf die Natur und die Gesellschaft einsetzen und nach internationalen Standards und bewährten Verfahren arbeiten. Um Mitglied zu werden, ist es unabdingbar, außerdem Innovationen anzustreben und sich zu bemühen, über die „normalen" Industriestandards hinauszugehen. Unternehmen, die Mitglied sind, tragen auf unterschiedliche Weise zu ihrer eigenen Nachhaltigkeit bei, sodass jeder Marke eine maßgeschneiderte Sammlung von positiven Aktionen zugewiesen wird, die ihre einzigartigen Bemühungen kennzeichnet und ihre nachhaltigen und ethischen Geschäftspraktiken auf einfache und verbraucherfreundliche Weise veranschaulicht – zum Beispiel PVC-frei oder pelzfrei. Zu den zertifizierten Unternehmen gehören beispielsweise Innenarchitekten, Stoff- und Luxusmöbelhersteller.
positiveluxury.com

South Pole

South Pole bietet Klimaneutralitätslabels für Unternehmen, Produkte und Veranstaltungen sowie Ökostromlabel für Unternehmen und Produkte. Ein Team von über 500 Social Entrepreneurs weltweit entwickelt innovative Lösungen und unterstützt Unternehmen, Investoren und Regierungen dabei, ihre CO_2-Emissionen zu senken. South Pole versucht tiefgreifende Dekarbonisierungspfade in allen Branchen zu realisieren, basierend auf einem gründlichen Verständnis der Klimarisiken und -chancen in bestimmten Sektoren sowie den höchsten Emissionsreduktionsstandards. Holcim hat den ersten klimaneutralen Beton in der Schweiz lanciert und damit dieses begehrte Label erhalten. Die Vision lautet, Klimaschutz für alle zu schaffen.
southpole.com

Vegan

Die Vegan Trademark, das Zertifikat der Vegan Society, hilft seit 1990, zu erkennen, ob ein Produkt frei von tierischen Inhaltsstoffen ist. Derzeit sind weltweit über 52.000 Produkte damit gekennzeichnet, vor allem Kosmetika, Lebensmittel und Getränke, aber auch immer mehr Haushaltsartikel. Für die Beantragung wird jedem Unternehmen ein Markenbeauftragter zugewiesen, der die Produktunterlagen prüft. Sobald dafür bezahlt wurde und das Zertifikat genehmigt wurde, kann das Markenlogo verwendet werden. Das amerikanische Unternehmen vegandesign.org bietet beispielsweise auch eine Zertifizierung im Bereich Dekor an, die gesundes und bewusstes Design verspricht.
vegansociety.com/the-vegan-trademark

Zertifizierung von Gebäuden

Wenn ganze Gebäude und Projekte zertifiziert werden müssen, dann wird es kompliziert. Die anerkanntesten Gebäudezertifizierungen sind:
- → LEED – Leadership in Energy and Environmental Design (siehe leed.usgbc.org), USA
- → BREEAM – Building Research Establishment's Environmental Assessment Method (siehe breeam.com), Großbritannien
- → HQE – Haute Qualité Environnementale (siehe behqe.com), Frankreich
- → CASBEE – Comprehensive Assessment System for Building Environmental Efficiency (siehe ibec.or.jp), Japan

Sie alle sind Mitglied im World Green Building Council (WorldGBC), Toronto – einem globalen Aktionsnetzwerk, das sich aus rund 70 Green Building Councils auf der ganzen Welt zusammensetzt und den Bau- und Gebäudesektor in drei strategischen Bereichen – Klimaschutz, Gesundheit und Wohlbefinden sowie Ressourcen und Kreislaufwirtschaft – nachhaltig verändern will (siehe worldgbc.org).

Die ÖGNI – Österreichische Gesellschaft für Nachhaltige Immobilienwirtschaft – ist eine NGO zur Etablierung von Nachhaltigkeit in der Bau- und Immobilienbranche (siehe ogni.at). Auch hier ist das Ziel, den Mehrwert von Gebäudezertifizierungen aufzuzeigen. Die ÖGNI ist Kooperationspartner der DGNB (Deutsche Gesellschaft für Nachhaltiges Bauen), deren Zertifizierungssystem übernommen, an Österreich adaptiert wurde und weiterentwickelt wird. Außerdem ist die ÖGNI als einziger österreichischer Ausschuss in den WorldGBC eingebunden und bestrebt, das europäische Qualitätszertifikat auf internationaler Ebene zu stärken. Die DGNB ist eine Non-Profit-Organisation und setzt sich, als Pendant zu den internationalen Zertifikaten, ebenfalls für eine zukunftsfähige gebaute Umwelt ein. Der Verein umfasst rund 1.300 Mitgliedsorganisationen (siehe dgnb.de). Gemeinsam mit der Stiftung Deutscher Nachhaltigkeitspreis e.V. vergibt die DGNB den Deutschen Nachhaltigkeitspreis Architektur, der herausragende und beispielhafte Leistungen der Architektur ehrt, die Beiträge zur Transformation zu nachhaltigem Leben und Wirtschaften leisten und darüber hinaus große Innovationskraft sowie eine hohe gestalterische Qualität aufweisen. Die Auszeichnung wird 2021 bereits zum neunten Mal verliehen.

In Österreich lobt die Klimaschutzinitiative klimaaktiv des Bundesministeriums für Klimaschutz, Umwelt, Energie, Mobilität, Innovation und Technologie (BMK) 2021 bereits zum siebten Mal den Staatspreis Architektur und Nachhaltigkeit aus. Ausgezeichnet werden Pionierinnen und Pioniere einer umfassend klimaverträglichen und zukunftsorientierten Baukultur, die Effizienz, Versorgung, Mobilität, Nachverdichtung und sparsamen Boden- sowie Ressourcenverbrauch im städtischen und ländlichen Umfeld berücksichtigen (siehe klimaaktiv.at).

Die Arbeit an einem Zertifizierungsziel ist bewundernswert, aber auch eine Herausforderung. Es wird nie ein für alle passendes Label geben, das alle Übel und Überzeugungen abdecken kann. Wir müssen also offen bleiben für die spezifischen Themen und Ziele, die für ein bestimmtes Projekt erreichbar und relevant sind. Alte Zertifizierungen werden infrage gestellt, und es werden ständig neue Standards und Kategorien geschaffen – was oft für große Verwirrung sorgt. Dennoch könnten wir eines Tages in der Zukunft eine andere Art von allumfassender Zertifizierung schaffen. Vielleicht so etwas wie das, was die Einzelhandelsexpertin Mary Portas die „Kindness Economy" nennt. Nennen wir es also: Das Freundlichkeitszertifikat! Freundlichkeit gegenüber uns selbst, unserem Planeten und unserem Gewinn – in dieser Reihenfolge.

FAZIT

→ Es gibt nicht das eine Zertifikat, das für alle Branchen geeignet ist, was zu einem äußerst wettbewerbsintensiven und verwirrenden Branding führen kann – von Umwelt- bis hin zu Menschenrechtsfragen.

→ Vertrauen ist das große Thema, und Aufsichtsbehörden müssen sich aktiver an neue Umstände und Probleme anpassen, die auf kommunaler und nationaler Ebene auftreten.

→ Angesichts des Mangels an strengen nationalen und internationalen Gesetzen zum Schutz von Mensch und Umwelt entstehen immer mehr neue Gruppen unabhängiger Aktivisten und Zertifizierungsstellen, die sich selbst organisieren und regulieren.

→ Das Bedürfnis, nachhaltig zu leben und sich für den Planeten einzusetzen, wird zunehmend stärker. Damit einhergehend steigt die Nachfrage nach Transparenz, sowohl für Unternehmen als auch für Verbraucherinnen und Verbraucher.

Home Report 2022

LEBENSQUALITÄT

Themenschwerpunkt Lebensqualität

—

Playful Principle

—

Comeback des Dorfes

—

103

Themenschwerpunkt Lebensqualität

Playful Principle

Spielerische Stadt- und Raumkonzepte

Es mag paradox klingen, aber Verspieltheit ist eine recht ernste Angelegenheit. Gerade jetzt erscheint sie als der perfekte Gegenpol und Gegentrend zu all der Ernsthaftigkeit und Eintönigkeit, die wir in letzter Zeit erlebt haben. Wenn wir das Spielerische ernst nehmen, kann es ein positives und wichtiges Element bei Design- und Planungsentscheidungen für die Zukunft unserer Häuser, Gebäude und Städte sein. Playfulness begegnet uns im Alltag auf unterschiedliche Art und Weise: ein Spielplatz für Erwachsene, ein buntes Gebäude oder eine verschnörkelte Lampe. Wenn wir das Playful Principle in unseren Alltag und unsere Umwelten integrieren, erlauben wir uns, immer wieder Neues zu entdecken.

Themenschwerpunkt Lebensqualität

Ein missverstandenes Konzept

Fälschlicherweise wird Verspieltheit manchmal als etwas verstanden, das nur für Kinder gilt. Verspieltheit ist in der Tat vielschichtig und schwer zu definieren, aber das macht das Prinzip auch so interessant. Auf den ersten Blick bedeutet Playfulness Spaß, Neuartigkeit, Überraschung und Lebendigkeit. Aber das Playful Principle beinhaltet noch andere Facetten: Psychologinnen und Psychologen sagen, dass Spielfreude positive Emotionen und psychologisches Wohlbefinden steigert und unsere geistige und körperliche Gesundheit verbessert. Spielen kann Kreativität, Staunen und Neugier auslösen. Neugier ist eine wichtige und oft unterschätzte Fähigkeit. Laut Dr. Carl Naughton sei es gerade die Neugier, die bei der Bewältigung von Krisen bedeutsam sei. Er nennt vier Gründe für mehr Neugier in Zeiten der Unsicherheit (vgl. Naughton 2020):

→ Neugier verbindet uns mit der Realität: Sich die Perspektive anderer vorzustellen, ist für die Bewältigung der Realität absolut notwendig.
→ Neugier schlägt die Brücke von Altem zu Neuem: Im Umbruch erleben wir Spannungen. Neugierige Menschen zeigen mehr Interesse am Verstehen von Veränderungen.
→ Neugier zapft die menschliche Widerstandskraft an: Je neugieriger wir sind, desto widerstandsfähiger werden wir gegen Ablehnung.
→ Neugier verwandelt Unwissenheit in Produktivität: Neugier macht mutig. Sie befähigt uns, Wissen und Inspiration zu finden, um Lösungen für die dringendsten Herausforderungen unserer Zeit zu entwickeln.

Ein weiteres Schlüsselelement der Verspieltheit ist das Konzept der „Neuheit" – das komplette Gegenteil von Langeweile. Denken Sie beispielsweise an die erste Zeit des Lockdowns zurück, was anfangs eine Neuheit war – eine neue Situation, auf die wir uns einstellen und an die wir uns anpassen mussten. Nach einer Weile ist auch der Lockdown zur Routine geworden und wir haben die Neuartigkeit vermisst, die uns das normale Leben sonst beschert. Psychologin Dr. Sandi Mann, Autorin des Buches „The Science of Boredom" (vgl. Mann 2016) betont: „Wir sind auf Neues vorbereitet, wir fühlen uns von Neuem berauscht." Sie beschreibt, dass Menschen aus evolutionärer Sicht neugierig sein müssen. Sie müssen nach Dingen Ausschau halten, die in ihrer Umgebung neu und anders sind, um zu sehen, ob sie eine Bedrohung darstellen oder ob sie nützlich sein könnten. Neugier sei also eigentlich reiner Überlebensinstinkt (vgl. Krotoski 2021).

Playful Principle

FARBENFROHES CHAOS
BEST PRACTICE: BIOMUSEO, PANAMA-STADT, PANAMA

Ein Besuch im Biomuseo in Panama-Stadt ist nicht nur lohnenswert, um etwas über die spannende Geschichte der Artenvielfalt von Panama zu erfahren, das Museum ist zudem ein echter Hingucker. Das Dach gleicht einem wilden Puzzle aus roten, grünen, gelben und blauen Flächen. Das Atrium darunter, ein marktplatzgroßer, offener Raum ist Treffpunkt für Besucherinnen und Besucher aus aller Welt und fungiert als Übergang zu den beiden Ausstellungsgalerien. Das Gebäude beinhaltet asymmetrische Formen, schwebende Dächer und außerordentliche Farben. Frank Gehry, einer der renommiertesten Architekten weltweit, hat es entworfen. Die Buntheit ist ein Symbol für Panamas Vielfalt in Flora und Fauna.
biomuseo.org

SPIELEN VERBINDET
BEST PRACTICE: PLAYABLE CITY, WATERSHED

„Cities that play together stay together" lautet das Motto der Gemeinschaftsplattform Playable City. Sie stellt Menschen und Spiel in den Mittelpunkt und verwendet bereits vorliegende städtische Infrastrukturen, ergänzt durch spielerisch eingesetzte Smart-City-Technologien. Auf fünf Kontinenten in unterschiedlichen Städten wie Bristol, Lagos/Nigeria oder Tokio gibt es Interessengemeinschaften, die die kreativen Möglichkeiten ihrer eigenen Stadt erforschen und vielseitige Projekte in städtischen Umgebungen umsetzen, um Bürgerinnen und Besuchern eine neue Perspektive auf die Umgebung zu vermitteln. Die Mission ist es, Verbindungen zu schaffen – von Mensch zu Mensch, von Mensch zu Stadt. So wie beispielsweise das Projekt Shadowing, das im September 2014 mit acht Standorten rund um Bristol startete und seitdem an weiteren Orten umgesetzt wurde. Es handelt sich dabei um eine Straßenlaterne, die die Schatten derer, die darunter vorbeigehen, aufzeichnet und wiedergibt. So konnten Besucherinnen und Besucher den Schatten der zuvor vorbeigegangenen Person zeitversetzt betrachten. Mit über 100.000 aufgezeichneten Interaktionen war die Resonanz erstaunlich.
playablecity.com

„Cities that play together stay together."

Themenschwerpunkt Lebensqualität

Vielseitig einsetzbar

Verspieltheit gibt es in vielen verschiedenen Formen in unserem Leben, sowohl körperlich als auch geistig. Max Hawkins, ein nomadischer Künstler und Informatiker, erklärt in einem Radiointerview: „Ich glaube, unsere Kultur ist davon besessen, alles zu optimieren, die Dinge schneller und besser zu machen." Dieses lineare Denken schließt den Raum für das Spielerische in unserem Leben aus – und macht ihn seiner Meinung nach unbelebt. Um das Spielerische und die Neuartigkeit zurückzubringen, entwickelte Hawkins ein Programm zur Generierung von Zufallsorten, das er bei Uber einsetzte (vgl. Krotoski 2021). So hat man die Möglichkeit, einfach durch eine Stadt zu flanieren, ohne einer vorgeschriebenen Route zu folgen und auf diese Art und Weise immer wieder Neues zu entdecken.

BUNTE VERWANDLUNG

BEST PRACTICE: TTC ELITE SAIGON, VIETNAM

Das vietnamesische Architekturbüro KIENTRUC O hat in Ho-Chi-Minh-Stadt, Vietnam, ein bestehendes Gebäude in einen spielerisch gestalteten Kindergarten verwandelt. Das fünfstöckige Gebäude ist von den Architekten als rein geometrische Form konzipiert und spiegelt mit seinen unregelmäßig angeordneten Pop-up-Fenstern und bunten Tropfen die Funktionen des Kindergartens wider. Die Fenster wirken wie große Öffnungen, die den Blick von innen nach außen werfen und eine direkte Beziehung zwischen den Kindern und der sich ständig verändernden äußeren Umgebung herstellen. Die weiße Außenfassade sieht aus, als hätte sie jemand mit Farbklecksen verziert: pink, orange, blau. Das Gebäude ist ein Blickfang und erzeugt für die Kinder, Bewohner und Bewohnerinnen des Distrikts eine lebendige Atmosphäre.

kientruco.com

PURE FLEXIBILITÄT

BEST PRACTICE: FLEXLIVING, GRAZ, ÖSTERREICH

Ein Beispiel für das Brechen von Regeln stellt das Projekt FLEXLIVING des Architekturbüros Hofrichter-Ritter in Zusammenarbeit mit ÖWG Wohnbau dar, das auf der Biennale in Venedig unter dem Motto „How Will We Live Together?" vorgestellt wurde. Die Idee hinter FLEXLIVING ist im wahrsten Sinne des Wortes ein modulares Bauprojekt, das völlig flexibel funktioniert. In eine Skelettkonstruktion werden vorgefertigte Raummodule in verschiedenen Größen und Grundrissen eingeschoben. Diese Flexibilität erlaubt die Zusammenstellung unterschiedlicher Belegszustände, die auf die Lebensbiografien der Bewohnerinnen und Bewohner, das Umfeld und den Markt kurzfristig reagieren können. Die Module können eine Vielzahl von Funktionen erfüllen – beispielsweise als ständiger oder vorübergehender Wohnraum, Büro, Betreuungseinrichtung oder Kultur- und Gastronomieraum. Wenn mehr Platz benötigt wird, können zusätzliche Module oder Freiflächen flexibel an eine bestehende Einheit angeschlossen werden. Bei einem Umzug können die eigenen Module einfach mitgenommen werden. Ziel ist es, Modularität um vollständige Flexibilität zu ergänzen und ein Angebot für eine zunehmend individualisierte, flexible und mobile Gesellschaft zu schaffen, die gänzlich neue Anforderungen an Wohnraum und Gebäude stellt. Das erste Projekt wird im Oktober 2021 in Graz übergeben. Das System kommt als kiubo ab 2022 auf den Markt.

hofrichter-ritter.at/projects/flexliving

Durch die Anwendung des Playful Principle im Alltag, in der Architektur oder der Stadtplanung können unsere Emotionen freigesetzt werden werden. Wir reagieren sowohl bewusst als auch unbewusst auf einen Gegenstand, einen Raum oder ein Gebäude. Verspieltheit ist nicht nur etwas für jüngere Menschen, wie leider oft angenommen wird, sondern ist gerade auch für ältere Menschen in vielen Lebensbereichen wichtig. So weist der Designer und Therapeut Uwe Linke darauf hin, dass der Entwurf altersgerechten Wohnens den Bewohnerinnen und Bewohnern spürbare Freude bereiten muss, um diese zu überzeugen. Linke hebt dabei hervor: „Neuroplastizität ist das Stichwort und meint, dass sich das Gehirn bis zuletzt umbaut, um zu erinnern und zu lernen." Weiter sagt er: „Das könnte Spaß machen und leider muss es das sogar." Denn, wie der Hirnforscher Professor Gerald Hüther sagt: „Lernen gelingt nur, wenn es unter die Haut geht" (vgl. Ehbrecht 2021). Das Playful Principle bietet für alle einen klaren Mehrwert und verbreitet Freude.

Fünf zentrale Elemente des Playful Principle

(kombinierbar, einzeln oder gemeinsam anzuwenden)

1. Förderung von Interaktionen mit Mensch und Umwelt
2. Anregung von Vorstellungskraft, Neugier und Staunen
3. Impulse für Diskussionen und Gedanken
4. Unterbrechung von Monotonie und Langeweile
5. großes Potenzial für Unterhaltung und Humor

Playful City

Für Simon Casperson, Mitbegründer von Space 10 Architects in Kopenhagen, ist eine erstrebenswerte Stadt auch eine spielerische. Ihn beschäftigt vor allem die Frage, wie wir Städte so gestalten können, dass unsere spielerische Seite gefördert wird: „Die Stadt sei unser Zuhause und sollte zwar funktional sein, aber auch Spaß machen" (vgl. Tuck 2021).

Die Idee, dass eine Stadt spielerisch sein sollte, klingt zunächst nach der Umsetzung eines Vergnügungsparks. Bei der Playful City geht es jedoch nicht (nur) darum, uns zu unterhalten und uns Vergnügen zu bereiten, sondern darum, unsere Neugier und unser Engagement für unsere Umgebung wachzuhalten. Öffentliche Räume sind ein guter Ausgangspunkt, denn hier geht es nicht um Spielplätze oder Springbrunnen, die unerwartet aus dem Boden sprießen (obwohl das durchaus möglich ist), sondern um Projekte wie beispielsweise den High Line Park in New York City. Hierbei wurde eine nicht mehr genutzte Güterzugtrasse mitten in der Stadt zu einer Parkanlage umgebaut und erfreut sich seitdem großer Beliebtheit bei Locals wie Touristen. Es geht um etwas komplett Neuartiges oder Ungewöhnliches, das uns – im wahrsten Sinne des Wortes – eine andere Perspektive auf unsere Umgebung bietet.

Neue spielerische öffentliche Räume, die auf Interaktion ausgelegt sind, um sie attraktiver zu machen, sind typisch für die Herangehensweise von Künstlern wie Jeppe Hein, dessen Arbeiten zur Interaktion anregen, indem sie Neugier wecken und Staunen hervorrufen. Die Förderung der zwischenmenschlichen Interaktion ist eines der Hauptziele der spielerischen Gestaltung von Städten – ein Weg zur Gemeinschaft und ein Ausweg aus der Einsamkeit oder Isolation. Laut der Beziehungscoachin Esther Perel sei Small Talk in unserem Leben enorm wichtig und Teil eines gesunden sozialen Bioms (siehe Trendwörterbuch, S. 47: Soziales Biom). In ihrem Blog betont sie: „Selbst wenn Small Talk belanglos ist, hat es doch etwas Schönes, wenn zwei sehr unterschiedliche Fremde sich die Zeit miteinander vertreiben und versuchen, eine kleine Gemeinsamkeit zu finden. Und wenn er gut gemacht ist, ist Small Talk eine Art platonischer Flirt" (vgl. Perel o.D.).

Im polierten Dach des Vieux Port Pavillon in Marseille können sich Passanten auf spielerische Weise wiederentdecken, indem sie den Blick heben und ihr Spiegelbild suchen.

Öffentliche Verspieltheit

Das Spielerische hat schon lange Eingang in die Stadtplanung gefunden. Zum Beispiel in Form von Spielstraßen, in denen Kinder zum Spielen im Freien ermuntert werden und der Verkehr in den Hintergrund tritt. Während des Lockdowns wurde dieses Konzept in vielen Städten vorübergehend ausgeweitet, um den öffentlichen Raum nicht nur für Kinder, sondern für alle Bewohnerinnen und Bewohner attraktiv zu gestalten. Gleichzeitig setzen sich Stadtplaner wie Jan Gehl oder Melissa und Chris Bruntlett für autofreie Städte mit einer vielfältigen Straßengestaltung ein, um die menschliche Erfahrung auf psychologischer und sozialer Ebene zu verbessern – Melissa und Chris Bruntlett haben darüber sogar ein Buch geschrieben: „Curbing Traffic: The Human Case for Fewer Cars in Our Lives", das im Juni 2021 erschien. Besonders in Städten wie Kopenhagen sind die Bemühungen für autofreie Städte bereits in die Planung eingeflossen. Mittlerweile gibt es in vielen Städten verspielte, bunte und gleichzeitig sichere Fahrradwege und Fahrradbrücken.

Der Design District im Londoner Stadtteil Greenwich liefert Überraschungseffekte und spielt mit geometrischen Mustern, wie beispielsweise die Rauten dieser Gebäudefassade.

Foto: Taran Wilkhu

Öffentliche Playfulness zeigt sich ebenfalls im Design, wie Thomas Heatherwicks dekorative, an Entwürfe von M. C. Escher erinnernde Treppe ins Nirgendwo in den New Yorker Hudson Yards deutlich macht. Heatherwick hat eine große Leidenschaft für Funktionalität, allerdings fehlte ihm bisher die Berücksichtigung von Emotionen. „Warum sollte man nicht künstlerische Überraschungen, wie man sie in einer Kunstgalerie findet, in ein Abfallverwertungszentrum einbauen?" (vgl. Adams 2021).

Die Playful City bietet uns immer wieder neue Attraktionen. Dies kann in großem oder kleinem Maßstab geschehen, in der Fußgängerzone, auf lokaler Ebene oder sogar auf kommunaler, sehr funktionaler Ebene – man denke nur an die Müllverbrennungsanlage CopenHill in Kopenhagen mit ihrer Skipiste, die vom Dach herunterführt (ganz zu schweigen von der Tatsache, dass sie den Rauch in Ringen ausstößt). Eines der früheren Beispiele, das im öffentlichen Raum überrascht hat, ist der 2013 fertiggestellte Vieux Port Pavillon von Foster + Partners in Marseille. Zu dieser Zeit versuchte Marseille sich von seinem Image als schäbiger und gefährlicher Industriehafen zu lösen und der Vieux Port Pavillon war Teil der Einweihung der Stadt als Europäische Kulturhauptstadt. Das Vordach aus poliertem Stahl reflektiert die Passantinnen und Passanten, die unter ihm hindurchgehen und schafft so nicht nur einen Schutz, sondern auch einen Spiegel für die Fußgängerinnen und Fußgänger.

Playful Architecture

Wenn es um Playful Architecture geht, ist die Arbeit von Frank Gehry vielleicht eine der ersten, die uns in den Sinn kommt. Es geht nicht primär darum, ob es gefällt oder nicht: Was zählt, ist die Konzeption, die letztendlich zum Nachdenken anregt. Dasselbe gilt, wenn man an die Balkone von L'Arbre Blanc denkt (vgl. Home Report 2021, S. 26; Zukunftsinstitut 2020), an die Eingangshalle, die das Architekturbüro MAIO für das Wohnhaus 22 Dwellings in Barcelona entworfen hat oder auch an die Pionierarbeit der legendären Zaha Hadid.

Bei dieser Art der Herangehensweise geht es vor allem darum, die Monotonie zu durchbrechen und das Auge zu erfreuen, und zwar nicht nur das der Bewohnerinnen, sondern auch das der Besucher. Ein Projekt, das die Verspieltheit auf eine neue Ebene hebt, ist das auf den Kopf gestellte Haus auf einem Bauernhof in Lanskip Workum in den Niederlanden: Der Bauernhof steht auf dem Dach, sodass die Bewohner von ihrem Boden aus das Meer sehen können. Das gibt ihnen buchstäblich und auf eine sehr spielerisch Art und Weise eine neue Perspektive.

Ein spielerisches Gebäudeensemble findet sich in einem neuen Designviertel, das im Londoner East End entsteht und bei dem sogar der Planungsprozess spielerisch war: Acht Architekten entwarfen jeweils zwei Gebäude, ohne zu wissen, was die anderen bauen würden. So entstand zum Beispiel eine transparente Gebäude-Raupe, deren durchsichtiger Kunststoff um einen leuchtend gelben Rahmen gespannt ist, wie eine Art Space-Age-Puppe. Ein anderes Gebäude in der Nähe ist ein verhüllter Stapel roher Betonböden, der mit einem Mantel aus Stahlnetzen umhüllt ist, was ihm das Aussehen einer Voliere verleiht. Ganz in der Nähe befinden sich ein robuster, niedriger Kasten, der mit rostigen Platten aus Cortenstahl verkleidet ist, und ein kleiner turmartiger Block, der in einen Mantel aus schlanken weißen Rohren gehüllt ist. Anderswo in dieser verspielten Menagerie finden wir ein paar dreieckige Keile in einem Harlekinmuster aus rosa und grünen Terrazzo-Rauten. „Orte, die Menschen mögen, sind in der Regel chaotisch und von vielen verschiedenen Händen gestaltet", sagt Matt Dearlove, Designchef des Entwicklers Knight Dragon. „Wir wollten, dass dies ein Ort ist, an dem man um eine Ecke biegt und etwas sieht, das man erstaunlich findet, oder an dem man vielleicht das Gegenteil denkt" (vgl. Wainwright 2021).

Zu guter Letzt ein Beispiel für einen besonders verspielten Pool. Infinity-Pools waren gestern: Dieser Sky-Pool in der Embassy-Gardens-Siedlung in Battersea, London, der sich über zwei Wohngebäude erstreckt, ist etwas ganz Besonderes. Als Weltneuheit wollte das Architekturbüro HAL eine Struktur schaffen, die „Spaß macht" und den Menschen „ein Schwimmvergnügen wie kein anderes" bietet (vgl. Ravenscroft 2021). Es handelt sich im Wesentlichen um eine schwimmfähige gläserne Brücke, die den Schwimmerinnen und Schwimmern einen fantastischen Blick sowohl über London als auch auf die 35 Meter tiefer liegende Straße ermöglicht. Laut HAL-Gründer Hal Currey werde dadurch die Fantasie angeregt, da die Badenden den Boden sehen und die Menschen von unten den Pool als eine Art Himmel betrachten können. „Das Fehlen einer sichtbaren Struktur verleiht dem Sky Pool eine magische Qualität – ein Gefühl der Dramatik für Schwimmer und Zuschauer gleichermaßen" (vgl. ebd.).

Playful Interior Design

Die italienische Design- und Architekturbewegung Memphis, die in den 1980er-Jahren von Ettore Sottsass begründet wurde, ist der Inbegriff einer populären, verspielten Möbelbewegung. Dieser unkonventionelle Stil, der durch seine Farben- und Materialvielfalt besticht, wurde einmal als „eine Mischung aus Bauhaus und Fisher-Price" beschrieben (vgl. Pellegrin 2012). Der Memphis-Look erlebt derzeit ein gewisses Revival – als Teil einer allgemeinen neuen Wertschätzung und Retrospektive der 1980er-Jahre-Kultur, aber auch, weil er eine maßvolle und gut durchdachte Regelverletzung in der Ästhetik signalisiert.

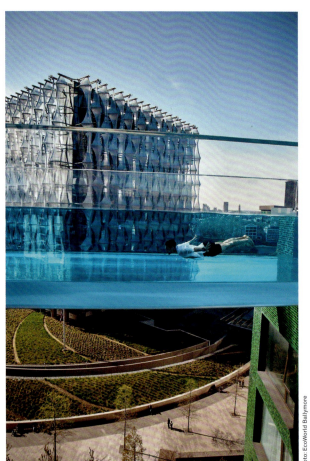

Foto: EcoWorld Ballymore

Der Sky Pool der Londoner Embassy Gardens sorgt für ein ganz neues Gefühl zwischen Schwimmen und Fliegen: Der Glaspool verbindet das achte Stockwerk zweier Gebäude und ist von allen Seiten komplett einsehbar.

Einer der Meister der Post-Memphis-Verspieltheit ist Marcel Wanders, dessen Designmission es ist, unsere aufregendsten Träume wahr werden zu lassen (siehe marcelwanders.com). Seine Arbeit umfasst Verspieltheit und Überraschungselemente sowohl bei den Materialien als auch beim Maßstab und den Mustern. Bei den Entwürfen von Ingo Maurer spielt auch bei Designelementen wie der Beleuchtung Verspieltheit eine wichtige Rolle – man denke nur an seine ikonischen Glühbirnen mit Flügeln. Ein anderer Designer, der bei Möbeln mutig mit Farben und Formen spielt, ist Jaime Hayon. Und auch der Designer der Stunde, Sebastian Herkner, arbeitet mit runderen Konturen sowie mit ungewöhnlichen Farben und Formen.

EXTRAVAGANZ AUS ALLER WELT

BEST PRACTICE: SHOWROOM STEPHANIE THATENHORST, MÜNCHEN, DEUTSCHLAND

Stephanie Thatenhorst sammelt stetig außergewöhnliche Interior-Stücke von nationalen und internationalen Designerinnen und Designern und stellt diese im Herzen Münchens in ihrem Showroom aus. Ihr Showroom wird zum temporären Zuhause für besondere Möbel und vielseitige Designs – ein inspirierender Ort für alle, die ihr eigenes Zuhause mit besonderen Designs schmücken möchten. Auch in ihrem Online-Shop finden sich inspirierende Interior-Konzepte und eine exklusive Auswahl an internationalen Marken wieder – mal bunt, mal ruhig. Interessierte finden hier von verspielten Vasen bis hin zu popartigen Lampen alles, was das spielerische Herz begehrt.

stephanie-thatenhorst.com

Mainstream-Möbelhersteller wie Kartell und Vitra verfolgen ebenfalls diesen Ansatz – wir sehen immer mehr Farbe und Freude in vielen ihrer Designs. Wenn wir uns die Entwicklung des Designs von Vorhängen, Teppichen und Teppichböden in den letzten Jahren ansehen, werden auch die bisher eher traditionellen und konservativen Inneneinrichtungsfirmen immer wilder und bunter – von JAB Anstoetz bis Christian Fischbacher. Darüber hinaus werden auch die Produktnamen immer verspielter, um die Aufmerksamkeit der Kundinnen und Kunden zu erregen – von einem Spiegel namens „Soufflé" von Luca Nichetto bis hin zur Sofakollektion „Bombom" von Roche Bobois, die aussieht, als sei sie aus einer riesigen Tüte Liquorice Allsorts – die beliebten Süßigkeiten aus Großbritannien – herausgepurzelt.

Playfulness ist oft ein Schlüsselelement des Prinzips von modularen Möbeln (siehe Modulare Möbel, S. 18). Selbst Objekte wie Raumteiler, die in vielen Wohnungen für ein gelungenes Hoffice unverzichtbar sind (siehe Trendkapitel „Hoffice", Home Report 2021, S. 16; Zukunftsinstitut 2020), brechen in neuen Farben und Formen auf, wie zum Beispiel an dem bunten Holzparavent „330 Paravento Balla" von Cassina deutlich wird. Alexandra Spitzer vom designkollektiv in Wien betont aber auch das wachsende Bedürfnis nach sterilen, antiseptischen Oberflächen und sieht die Herausforderung darin, innerhalb dieser neuen Parameter eine atmosphärische Sinnlichkeit zu erzeugen (vgl. Gram 2021b). Eine Möglichkeit, zu viel Sterilität entgegenzuwirken, ist das Playful Principle, das in ihrem Raumteiler namens „zigzag" umgesetzt wird (siehe designkollektiv.at).

Macht der Farben

Die schwedische Innenarchitektin Beata Heuman hat einen besonders spielerischen Stil, der mutig mit Widersprüchen und einem gewissen Überraschungsmoment arbeitet. In einem Interview hebt sie die Bedeutung von Farben hervor: „Damit ein Möbelstück fröhlich ist, müssen Sie Farben wählen, die harmonieren, und lernen, solche hinzunehmen, die disharmonisch sind. So entstehen Spannung und Emotion." Ihr neues Buch „Every Room Should Sing" (vgl. Heuman 2021) ist eine Hommage an die Verspieltheit und empfiehlt,

Ungewöhnliche Konstruktionen wie die „Modified Benches" von Jeppe Hein wecken die Neugier und laden zum spielerischen Erkunden ein.

„Bewegung" in einen Raum zu bringen, „am besten durch viele Rundungen und Kurven in der Einrichtung" (vgl. Prüfer 2021). Sie empfiehlt auch, mehr Farben in einen Raum zu bringen, statt eine oder zwei dürften es ruhig acht sein. Außerdem ist sie der Überzeugung, dass durch Klinker gesetzte Akzente in Rot fast jedem Raum guttun (vgl. ebd.).

Verspieltheit ernst zu nehmen ist auch das Credo von Pierre Yovanovitch, der mit „Unfällen" und viel Humor arbeitet. Er ist einer der gefragtesten Innenarchitekten der Welt und sein Stil wird als Leben aus „Ungereimtheiten" beschrieben. Der Autodidakt hat subtil verspielte Möbel entworfen, von einer Lampe namens „E.T." (eine Hommage an Steven Spielbergs Film) über eine Bank namens „Donut" mit einem Loch in der Mitte bis hin zum Sessel „Mama Bear", bei

In kunterbunten Farben und mit einladend runden Formen präsentiert sich das Sofasystem Bombom des französischen Möbelhauses Roche Bobois.

dem die Form der Rückenlehne an ein freundliches Bärengesicht mitsamt Ohren erinnert. Sein Stil: eine Kombination aus Einfachheit, Naturverbundenheit und Originalität. Laut Yovanovitch brauche Architektur Unfälle. „Schönheit entsteht für mich dann, wenn sich das Auge nicht langweilt" (vgl. Beermann 2021).

Eine der mentalen und materiellen Barrieren für Farben und Spiel bei Möbeln war lange Zeit das Gefühl, dass alles, was bunt und lustig ist, nicht ökologisch sein kann. Nachhaltige Möbel waren viele Jahre lang in Farbe und Fantasie begrenzt – sie waren ernst, meist in braun, beige oder weiß gehalten und überschaubar in der Auswahl an Materialien. Neue Materialtechnologien und leichter zugängliche ökologische Farbstoffe haben uns jedoch Schritt für Schritt ermöglicht, Farbe und neue Texturen in nachhaltigem Design zelebrieren zu können – so wie bei den Arbeiten des angesagten neuen Londoner Designers Yinka IIori. Seine nigerianischen Wurzeln kommen in der Verspieltheit und Farbigkeit seiner Entwürfe zum Ausdruck. Von Stühlen über Teppiche und Tische bis hin zu Töpferwaren verwendet er in seiner neuen Wohnkollektion die für ihn typischen leuchtenden Farben und geometrischen Formen, die sowohl frisch sind als auch Humor, Fröhlichkeit und eine reiche Vitalität ausdrücken (siehe yinkailori.com). Vielleicht ist es an der Zeit, das Bedürfnis nach einem intelligenten Zuhause zu vergessen: Playful ist das neue smart!

> **Das Playful Principle in der Innenarchitektur:**
> → Farbe
> → Mut
> → Überraschung
> → lebendiges Chaos
> → Regeln brechen
> → mehr ist mehr
> → Exzentrik
> → Verschmelzung verschiedener Stile
> → Neuheit

Themenschwerpunkt Lebensqualität

SINNLICHE ERFAHRUNG

BEST PRACTICE: REVERSIBLE DESTINY LOFTS MITAKA, TOKIO, JAPAN

Shusaku Arakawa und Madeline Gins entwickelten die Reversible Destiny Lofts Mitaka in Tokio nach der Philosophie der „prozessualen Architektur". Diese zielt darauf ab, Sinne zu stimulieren, indem sie die Möglichkeit bietet, den Körper neu zu entdecken und herausfordernde Umgebungen zu erleben – denn jedes Element der Gebäude ist so konzipiert, dass es herausfordernd für Körper und Auge ist: kugelförmige Räume, wellige Betonböden mit Unebenheiten und bonbonfarbene Wände. Stangen und Leitern verlaufen an unerwarteten Stellen vom Boden bis zur Decke und Steckdosen baumeln von oben herab. Die neun Lofts sind die ersten dauerhaft bewohnbaren Werke prozessualer Architektur, errichtet in Betonfertigteil-, Stahlbeton- und Stahlskelettbauweise. Einige Einheiten werden heute als Wohnungen vermietet, während andere von vielen Menschen für Bildungs- und Kulturprogramme genutzt werden. Das Projekt wurde der amerikanischen Autorin und Aktivistin Helen Keller gewidmet, die diese Idee des „umkehrbaren" Schicksals verkörperte.

rdloftsmitaka.com

HEIMELIGE INSPIRATION

BEST PRACTICE: KOLLEKTION KARISMATISK, IKEA UND ZANDRA RHODES

Bunt. Laut. Schrill. Karismatisk. Die britische Modedesignerin Zandra Rhodes bringt in Kooperation mit IKEA eine 26-teilige Kollektion heraus. Mehr als zwei Jahre arbeitete sie an den farbenfrohen Entwürfen und wurde dabei von der Coronapandemie maßgeblich beeinflusst. Der Lockdown habe ihr vor Augen geführt, wie wichtig das eigene Zuhause sei und sie inspiriert, mit IKEA zusammenzuarbeiten, da so ihre Produkte zu einem erschwinglichen Preis für alle hergestellt werden können (vgl. Elan 2021). Die limitierte Kollektion umfasst vielseitige Elemente: knallig farbige Vasen, mit Schlangenmuster bedruckte Kissen oder florale Teppiche.

ikea.de/karismatisk

FAZIT

→ Die Verspieltheit, die wir in der Architektur beobachten, kann als Teil einer Designstrategie gesehen werden, die unser Auge und unsere Aufmerksamkeit weg vom Bildschirm hin zu neuartigen Eindrücken führen soll.

→ Aus neurologischer Sicht ermöglicht uns Playfulness, neue Perspektiven zu gewinnen, mehr Kreativität und neue Denkweisen zu entwickeln. Sie holt uns aus unserer Routine heraus, überrascht uns und erschüttert unsere Erwartungen – sowohl bewusst als auch unbewusst.

→ Ein Faktor, der zu mehr spielerischen Elementen im Design und in der Architektur beitragen kann, ist das Aufkommen der Computermodellierung, die es Architektinnen und Architekten erlaubt, strukturell und ästhetisch mutiger und kühner zu sein als je zuvor. Technologische und ökologische Fortschritte werden es uns ermöglichen, dieses Prinzip noch stärker zu nutzen.

→ Playfulness als robustes Zukunftsprinzip für eine bessere Lebensqualität muss demokratisch sein – zugänglich für alle, unabhängig von Alter oder Einkommen. Sei es in Form von öffentlichen Plätzen, Gebäuden oder Stadtfesten: Playfulness verbindet.

Themenschwerpunkt Lebensqualität

Comeback des Dorfes

Alte Strukturen für neue Gemeinschaften

Einer der großen Gegentrends zum Megatrend Urbanisierung ist der Aufstieg stabiler und kohärenter Gemeinschaften, Mikronachbarschaften und intentionaler Communitys. Überall auf der Welt entstehen Gruppen von Menschen, die sich auf Grundlage gemeinsamer Werte zum Zusammenleben oder zur gemeinsamen Nutzung von Ressourcen entschlossen haben. Ein Dorf wird nicht mehr nur über seine Größe oder Lage definiert, künftig geht es mehr um das Dorf als Mindset, als Mentalität der Zugehörigkeit. Dörfer und dorfartige Gemeinschaften bilden wichtige Bausteine einer gesunden sozialen Umwelt. Wir befinden uns mitten im Comeback des Dorfes – in unterschiedlichsten Konfigurationen.

Themenschwerpunkt Lebensqualität

> **Werte im Dorf:**
> → Vertrauen
> → Sicherheit
> → Unterstützung
> → Kontaktfreudigkeit
> → Gemeinschaft
> → Austausch

Geteilte Werte

Meist wird ein Dorf als eine Ansammlung von Häusern und anderen Gebäuden definiert. Es ist kleiner als eine Stadt, häufig ländlich gelegen, die Einwohnerzahl kann zwischen einer Handvoll und mehreren Tausend Menschen liegen. Diese Definition wird zunehmend erweitert. Unser Verständnis von Dorf bezieht sich inzwischen mehr auf eine Reihe von Werten und Lebensformen als auf einen ausschließlich geografischen Zustand. Dies spiegelt sich beispielsweise in der afrikanischen Redensart „Es braucht ein Dorf, um ein Kind großzuziehen" wider. Auch hier tritt der Community-Gedanke hervor: Es braucht eine ganze Gemeinschaft von Menschen, die mit Kindern interagieren, damit diese in einem sicheren und gesunden Umfeld aufwachsen können.

Von Tiny-House-Dörfern über Corporate Villages bis hin zu einer neuen Art des Shopping-Dorfes wird das Dorfkonzept heute auf verschiedenste Kontexte übertragen. Dies gilt insbesondere für dorfähnliche Strukturen in Städten, die wir bisher als Nachbarschaft oder Stadtteil beziehungsweise Kiez bezeichnet haben. Das Dorf in der Stadt ist die nächste Entwicklungsstufe der vernetzten Nachbarschaft. Die sogenannte 15-Minuten-Stadt zahlt auf diesen Trend ein (vgl. Home Report 2020, S. 82; Zukunftsinstitut 2021). Inzwischen stoßen auch sogenannte KoDörfer auf immer größeres Interesse, zum Beispiel das geplante Projekt in Wiesenburg, das gemeinschaftliches, generationenübergreifendes, selbstverwaltetes und selbstbestimmtes Wohnen und Arbeiten auf dem Land bietet (siehe kodorf-wiesenburg.de).

Corporate Village

Corporate Villages, also Dörfer, in denen die Angestellten eines Unternehmens leben, sind aus vielerlei Gründen aus der Mode gekommen, nicht zuletzt aufgrund des Megatrends Individualisierung, der Unabhängigkeit und die Freiheit der Wahl fördert. Früher waren solche Dörfer allerdings relativ verbreitet. Das Corporate Village mit dem schönen Namen Port Sunlight in Großbritannien war ein Musterdorf, das für die Angestellten der Seifenfabrik Lever Brothers (heute Unilever) erbaut wurde. Zwischen 1899 und 1914 wurden 800 Häuser für 3.500 Einwohnerinnen und Einwohner gebaut. Das Dorf verfügte über eine Kunstgalerie, ein Krankenhaus, einen Konzertsaal, ein Schwimmbad, eine Kirche und Erholungsgebiete. Ein weiteres interessantes Corporate-Village-Konzept ist das Familistère in der Nähe von Guise in Frankreich. Erbaut von 1859 bis 1884 von dem Fabrikanten und Philanthropen Jean Baptiste André Godin für die Angestellten seiner Ofenfabrik, war es als „Social Palace" bekannt – bis heute gilt das Familistère als erster sozialer Wohnungsbau der Moderne (vgl. Hanimann 2017). Jede Familie verfügte über eine Dreizimmerwohnung und hatte Zugang zu kostenloser Bildung, einem Schwimmbad und Kindergärten.

Architektonisch ist der Gebäudekomplex des Familistères deshalb so interessant, weil er auf einer revolutionären Gebäudetypologie des Sozialtheoretikers und utopischen Denkers Charles Fourier basiert, der laut Journalist und Architekturkritiker Niklas Maak die Stadt ebenso verabscheute wie das

Dorf (vgl. Maak 2020). Statt Ansammlungen kleiner Häuser, wie Dörfer üblicherweise angelegt sind, entwarf Fourier sogenannte Phalanstères – Mikrostädte auf dem Land. Die drei nach Fouriers Vorbild entworfenen Phalanstères in Guise beherbergten etwa 1.600 Menschen und wiesen keinerlei Ähnlichkeit mit städtischen oder ländlichen Strukturen auf, die damals bekannt waren. Nach der Logik dessen, was wir heute als modernen städtischen Wohnkomplex bezeichnen würden, verfügte jedes einzelne hochverdichtete Gebäude über einen Gemeinschaftsbalkon mit Blick auf einen überdachten Innenhof. Fourier bezeichnete sein Projekt als „Versailles für das Volk" und inspirierte damit eine Vielzahl anderer progressiver Gemeinschaften weltweit (vgl. Krämer 2011).

Aber welche Bedeutung haben diese Wohnkomplexe in der heutigen Zeit? Maak sieht sie beispielsweise als Inspiration für die Wiederverwendung toter Einkaufszentren. Diese könnten leicht zu einem kollektiven Wohnkomplex mit gemeinsamen Aufenthaltsmöglichkeiten in der ehemaligen Hauptpassage werden. Aus kleinen Geschäften könnten Wohneinheiten für Familien werden, in größeren Ladenflächen könnten Raum für Co-Living, Kommunen, Co-Working-Spaces und andere Formen des kollektiven Zusammenlebens geschaffen werden. Maaks Vision: Das tote Einkaufszentrum könnte in eine Phalanstère des 21. Jahrhunderts verwandelt werden (vgl. Maak 2020).

DORF MIT URBANEN QUALITÄTEN

BEST PRACTICE: CO-LIVING, KODORF WIESENBURG

In Wiesenburg, zwischen Berlin und Leipzig, wird das erste KoDorf geplant und gebaut. Die Idee dahinter ist, Stadt und Natur zusammenzubringen – buntes Zusammenleben mit kulturellen und sozialen Angeboten in einer ruhigen, idyllischen Umgebung. Auf dem 40.000 Quadratmeter großen Gelände eines alten Sägewerks sollen 40 Häuser auf ökologisch-nachhaltige Weise erbaut werden. Diese sind mit maximal 80 Quadratmetern zwar eher klein, dafür sind aber großzügige Gemeinschaftsflächen geplant. Dorfladen, Kindergarten, Werkstatt oder Kino ... Wie genau die gemeinsamen Räume genutzt werden, entscheiden die Bewohner und Bewohnerinnen gemeinsam vor Ort. Dass es auch einen Co-Working-Space geben soll, steht allerdings schon fest. Das KoDorf ist aber nicht nur für remote arbeitende, unabhängige Personen reizvoll, sondern ist als generationenübergreifendes Projekt und für Angehörige diverser Berufsgruppen gedacht, die in einer „inspirierenden Gemeinschaft Gleichgesinnter" leben wollen, „die dennoch die Vielfalt feiert".

kodorf-wiesenburg.de

Foto: agmm Architekten + Stadtplaner

Themenschwerpunkt Lebensqualität

KIEZ IM KIEZ
BEST PRACTICE: SOZIALE STADTENTWICKLUNG, LICHTENRADER REVIER

Der Aufbau des Lichtenrader Reviers in Berlin ist ein hervorragendes Beispiel, wie dem anonymen Charakter der Großstadt entgegengewirkt werden kann: Am südlichen Rande Berlins wird ein ehemaliges Industriegebäude, die Alte Mälzerei, zum „Kultur- und Begegnungsstandort in Lichtenrade" umgewandelt. Um die Alte Mälzerei herum sind circa 180 Mietwohnungen geplant. Weitere Teile des Konzepts sind außerdem ein Kindergarten, Gemeinschaftsräume, ein Schwimmbad, eine Werkstatt, Einkaufsmöglichkeiten, ein Biergarten und eine Wohngemeinschaft für Demenzkranke. Das Projekt gilt als Vorbild für soziale Stadtentwicklung und Bürgerbeteiligung.

lichtenrader-revier.berlin

Foto: elblandwerker*

KOOPERATIVES BRANDENBURG
BEST PRACTICE: CO-WORKING, ELBLANDWERKER*

Co-Working auf dem Land klingt erst einmal ungewohnt – aber die aus dieser Idee entstandene Kooperative elblandwerker* macht es möglich. Das Konzept des Co-Workings stieß auf dem Land auf große Resonanz, da so das Leben auf dem Land für viele nicht mehr das ewige Hin- und Herpendeln oder aus dem Hoffice arbeiten zu müssen bedeutete. Die Community der elblandwerker* hat sich mittlerweile weit über die Organisation des Co-Working-Spaces hinaus zu einem bedeutendem Netzwerk für Kultur und Soziales entwickelt. Im April 2021 wurde das Netzwerk mit dem Bundespreis Kooperative Stadt ausgezeichnet. Gerade für neue Dorfbewohnerinnen und Dorfbewohner ist das Netzwerk besonders hilfreich, da sie auf diese Weise Unterstützung bei ihrem Neustart erhalten und Kontakte knüpfen können.

elblandwerker.de

Foto: Baumschlager Eberle Architekten

Heute besinnen sich die Unternehmen wieder auf die Idee des Dorfes im weiteren Sinne für ihre Mitarbeiter und Mitarbeiterinnen. Toyota baut in Japan die sogenannte Woven City, die nach eigenen Angaben die Bedürfnisse der Bewohnerinnen und Bewohner in den Mittelpunkt stellt und zum Glücklichsein gebaut werden soll. Die in sich geschlossene Stadt soll die alte Toyota-Fabrik ersetzen, aber auch Wohnraum für 2.000 Menschen bieten und als Teststadt für Roboteranwendungen im Haushalt, automatisiertes Fahren oder robotergestützte Lieferungen dienen. Das Projekt will viele der Werte, die wir in einem Dorf suchen, vereinen, andererseits aber auch als Living Lab fungieren. Toyota plant neue Mobilitätskonzepte, strebt CO_2-Neutralität an und will neue Wege finden, um Menschen im öffentlichen Raum oder auf dem Dorfplatz zusammenzubringen (vgl. Ravenscroft 2020).

Shopping Village

Es ist fast eine Frechheit, eine Anhäufung von Designer-Bekleidungsgeschäften ein „Dorf" zu nennen. Bicester Village ist einer der größten Übeltäter – außerhalb von Oxford in England gelegen, wurde es wie ein malerisches englisches Dorf gestaltet und verfügt über 160 Geschäfte und Outlets (siehe tbvsc.com/bicester-village). Mittlerweile gibt es eine Kette von elf solcher Villages in Europa und China, von Dublin bis Shanghai. Das Shopping Village in Shanghai ist besonders „malerisch" gestaltet: Dekoration ist zum Beispiel ein altes Fahrrad, das lässig an einem Baum lehnt, babyblau gestrichen und mit Blumen und Efeu bedeckt ist, die kunstvoll durch die Speichen wachsen.

Die britische Designerin Anya Hindmarch hat ein ganzes Dorf für ihre Marke geschaffen. Berühmt geworden durch ihre Canvas-Tasche „I'm not a Plastic Bag" (2007) und ihre „I'm a Plastic Bag"-Tasche aus recycelten Plastikflaschen (2021), hat Hindmarch in der Londoner Pont Street eine Reihe von Geschäften eröffnet. Das Herzstück des Komplexes mit dem schlichten Namen The Village ist das Anya Cafe, das von alten britischen Cafés inspiriert ist, aber neu interpretiert wurde. Ebenfalls traditionelles Dorfleben-Flair ausstrahlen will die Village Hall. Hier gibt es verschiedene kreative Konzepte und Kooperationen, wie zum Beispiel einen Friseursalon, der „Shampoo and Therapy" mit Kaffee und Cocktails anbietet. Neben den Geschäften für ihre außergewöhnlichen Produkte gibt es im Village den Plastic Shop, der sich dem Recycling von Materialien und der Reduzierung von Plastik widmet. Im Mittelpunkt steht die nachhaltige Kollektion der Designerin, aber es gibt auch eine Plattform für die Kooperation mit anderen Menschen und Organisationen, die in diesem Bereich arbeiten (siehe anyahindmarch.com).

Themenschwerpunkt Lebensqualität

Der Dorfplatz in Klein-Meiseldorf im Waldviertel erhielt ein Remake und zeigt sich jetzt als zentraler Begegnungs- und Aufenthaltsort der Ortschaft.

Foto: Lisa Rastl

Der Dorfplatz

Einer der wichtigsten Orte im Dorf war traditionell der Dorfplatz. Er war der Treffpunkt, die Agora, das, was die Nachbarschaft zusammenhielt. In den meisten Dörfern erfüllt der Dorfplatz heute keinen dieser Zwecke. Er ist ein Durchgangsort, der im schlimmsten Fall zu einem Parkplatz umfunktioniert wurde und zusammen mit dem Dorfladen, dem Bäcker oder dem Postamt der Geschichte zum Opfer gefallen ist. Ein Dorf im Waldviertel geht mit gutem Beispiel voran und versucht, diesen Niedergang umzukehren: Die Gestaltung des Dorfplatzes in Klein-Meiseldorf durch das Künstler*innenduo Nicole Six und Paul Petrisch wurde in Kooperation mit der Gemeinde und „Kunst im öffentlichen Raum Niederösterreich" realisiert. Für die gerade einmal 400 Einwohner und Einwohnerinnen haben Six und Petritsch eine moderne Feuerstelle geschaffen, die als Ort der Begegnung zwischen den örtlichen Geschäften und einem Veranstaltungsgebäude fungiert. Trotz der archaisch anmutenden Begegnungsstätte mit Lagerfeuerromantik verharrt das Dorf mitnichten in der Vergangenheit: Fotovoltaik-Paneele auf den umliegenden Dächern und Ladestationen für Elektroautos weisen den Weg in die Zukunft (vgl. Leeb 2021).

Charakteristisch für ein Dorf ist auch der Dorfladen. Hier konnte man traditionell seine Milch und sein Brot erstehen – und bekam lokalen Klatsch und Tratsch gratis dazu. Der Dorfladen unterstützte die ansässigen Unternehmen durch den Verkauf lokaler Produkte, aber stärkte auch die Gemeinschaft durch alle Arten von Dienstleistungen. Leider schließen immer mehr dieser traditionellen Dorfläden, da die Konkurrenz durch Supermarktketten in angrenzenden Städten zu groß ist. Wenn wieder mehr Menschen aufs Land oder zumindest an den Stadtrand ziehen, nimmt auch der Bedarf an solchen kleinen Läden wieder zu. Denn die neuen Landbewohnerinnen und -bewohner wollen nicht mehr in die Stadt oder in große Einkaufszentren zurück, um ihre täglichen oder wöchentlichen Einkäufe zu erledigen. Zum Glück gibt es hier schon einige neue Konzepte, die Abhilfe schaffen sollen. Eine clevere Idee, die den Umzug aufs Land in Österreich attraktiver macht, ist zum Beispiel der Kastl-Greissler – eine Reihe von Selbstbedienungs-Lebensmittelgeschäften in Containern, die rund 500 Produkte von regionalen Erzeugern und Bauern anbieten (siehe kastlgreissler.com). Martin Rohla von Goodshares investiert in nachhaltige Start-ups wie dieses und kann bezeugen, dass die Container immer beliebter werden, „weil immer mehr Menschen an den Stadtrand ziehen. So kaufen sie überaus regional, ohne mit ihrem zwei Tonnen Autoblech 20 Kilometer für ein Kilo Brot und ein Liter Milch zu fahren" (vgl. Kropf 2021). Der Dorfladen ist tot, es lebe der Dorfladen 2.0!

Tiny House Village

Die Tiny-House-Bewegung hat ihren Ursprung in den USA, stößt aber auch in Europa auf zunehmende Resonanz und wachsendes Interesse. Dabei handelt es sich nicht nur um eine architektonische Bewegung, die sich über eine Wohnfläche von maximal 37 Quadratmetern definiert, sondern auch um eine soziale Bewegung. Die Bewohnerinnen und Bewohner setzen sich in der Regel für Minimalismus, ein einfacheres Leben und generell für einen umweltfreundlichen Lebensstil ein. Das erste Tiny House Village in Deutschland entstand 2017 in Mehlmeisel im Fichtelgebirge. Gründerin Steffi Beck und Gründer Philipp Sanders wurden auf einer Reise durch die USA inspiriert und kauften 2017 das Grundstück in Mehlmeisel, einen ehemaligen Campingplatz. Seitdem hat sich hier eine feste Gemeinschaft gebildet, das Tiny House Village mit 23 Häusern und 28 Einwohnerinnen und Einwohnern. Es gibt sogar ein Buch von Rolf Patrick Ullrich, in dem das dortige Leben beschrieben wird („Warum Tiny Houses keine Keller haben: Geschichten aus dem ersten Tiny House Village", 2019). Gleichzeitig ist das Village auch ein Hotel: In drei Tiny Houses kann man Urlaub machen. 2021 ging das Tiny House Village den nächsten Schritt und gründete eine GmbH. So können alle Bewohnerinnen und Bewohner gemeinsam und gleichberechtigt Verantwortung übernehmen, und das Herzensprojekt wird besser für die Zukunft abgesichert (siehe dasvillage.de).

Tiny Houses können nicht nur ein permanenter Lebensort sein, sondern auch erschwingliche Übergangswohnmöglichkeiten für Menschen, die von Obdachlosigkeit betroffen sind. Gerade weil die Tiny Houses so klein sind, benötigen die Bewohnerinnen und Bewohner eine umso größere Gemeinschaft, aus der sie Unterstützung erfahren. Das funktioniert am besten in Tiny House Villages, in welchen die Dorfmitglieder füreinander da sind und einander helfen. Das Architekturbüro Lehrer Architects entwarf 2021 ein Tiny House Village für Obdachlose in Los Angeles. Die Idee hinter dem farbenfroh gestalteten kleinen Dorf mit 103 Tiny Homes sowie Gemeinschaftsbereichen und Sanitäranlagen ist es, den Gemeinschaftssinn zu fördern und eine angenehme Wohnumgebung herzustellen (siehe lehrerarchitects.com).

Die farbenfrohen Tiny Houses von Lehrer Architects verfolgen neben optisch-ansprechenden auch soziale Ziele, denn sie geben Obdachlosen ein Zuhause.

Foto: Lehrer Architects

Inzwischen werden Tiny House Villages ebenfalls immer beliebter für betreutes Wohnen. In Ursberg bieten Tiny Houses Menschen mit geistigen Behinderungen oder psychischen Erkrankungen ein neues Zuhause. Sie sind Teil des Areals des Dominikus-Ringeisen-Werks, einer Stiftung, die verschiedene Betreuungsangebote für Menschen mit Behinderung anbietet. Damit sind die Bewohnerinnen und Bewohner des Tiny House Village zwar selbstständig, aber trotzdem in eine aktive Gemeinschaft eingebunden. Der kleine Raum, in dem man sich zwar minimalistisch einrichten muss, bedeutet für die Menschen oftmals ein großes Stück Freiheit und Selbstverwirklichung. Durch die Option der ambulanten Unterstützung ist das Projekt ein attraktiver Vorreiter für inklusives Wohnen geworden (vgl. Müller 2019).

Eine Studie von Livee, einem Tiny-House-Dienstleister, in Kooperation mit dem Tiny House Verband aus dem Jahr 2021 über den Markt für Tiny Houses in Deutschland kam zu dem Ergebnis, dass es sich zwar um einen wachsenden Wohn- und Bautrend handelt, aber schwer vorherzusagen ist, wohin er sich entwickeln wird (vgl. Livee 2021). Die Studie befragte unter anderem deutsche Singlehaushalte, die bis 2022 ein Bauvorhaben planen: 80 Prozent von ihnen interessieren sich für alternative Wohnformen. Davon können sich wiederum 13 Prozent vorstellen, in einem Tiny House zu leben. Laut Studie sind das rund 58.000 potenzielle Minihaus-Bauherrinnen und -Bauherren. Als Hauptgründe für den Kauf eines Tiny House geben die Befragten Minimalismus, bezahlbaren Wohnraum und den Wunsch nach mehr Nachhaltigkeit an (vgl. ebd.). In Coesfeld, Deutschland, haben bereits 25 Menschen Interesse an einem geplanten Tiny House Village in der Nähe von Goxel bekundet. Eine Facebook-Gruppe plant sogar bereits, wie es aussehen soll. Allerdings sind manchmal die Hürden für ein Tiny-House-Village-Projekt groß. Beispielsweise sind die Pläne für ein Village in der Schweiz mit 16 bis 20 Tiny Houses im Berghafen aufgrund verschiedener finanzieller Hürden (zumindest noch) nicht Wirklichkeit geworden (siehe tiny-house-projekt.ch). Tiny Houses als Luxusversion – das bietet das Coodos Model der Hamburger Firma Lofts to go. Das Design erhält international Anklang, besonders in der Tourismusbranche. In Österreich wurden erste Exemplare bereits für die private Nutzung umgesetzt, weltweit sind die minimalistischen Lofts bei Hotelketten gefragt, die Tiny House Villages an Stränden als Ferienresorts bauen wollen (vgl. Puchleitner 2020).

Das zunehmende öffentliche Interesse an der Tiny-House-Village-Bewegung lässt diese größer und weiter verbreitet erscheinen, als sie tatsächlich ist. Einerseits ist dies oft der Fall bei kleineren Avantgarde-Trends. Andererseits liegt es aber auch daran, dass sich die Bewohnerinnen und Bewohner in den meisten Fällen bewusst für diese Art von alternativem Lebensstil entscheiden und eine Gruppe Gleichgesinnter sind, die damit ein Statement in Bezug auf ihre Werte und Einstellungen setzen. Die Tiny-House-Bewegung hat die kollektive Vorstellungskraft beflügelt und gibt uns einen Einblick in eine andere Art zu leben.

GLOBAL VILLAGE

BEST PRACTICE: ONLINE-PLATTFORM, FOUNDATION FOR INTENTIONAL COMMUNITY

Die Foundation for Intentional Community (FIC) bietet eine Plattform für Inspirations- und Austauschmöglichkeiten über und für diverse gemeinschaftliche Wohnprojekte mit ökologisch-nachhaltigen Ansätzen. Die Organisation pflegt seit über 35 Jahren Partnerschaften mit Hunderten von intentionalen Gemeinschaften auf der ganzen Welt. Es gibt keine allgemeingültige Definition, was eine Intentional Community ist, da dies dem freiheitlichen Konzept des Netzwerks selbst widersprechen würde. Grundsätzlich zeichnet sich eine solche Community durch geteilte Werte und gemeinsame Vorstellungen des Zusammenlebens aus. Die Communitys variieren in ihrer Größe – von Wohngemeinschaften in einem Haus bis zu solidarisch geteilten Grundstücken und Ressourcen.

ic.org

Foto: Ithaaca EcoVillage

Eco Village

Die Wiederbelebung des Ökodorfs hat wohl den größten transformativen Effekt in der Gesellschaft. In gewisser Weise waren früher alle Dörfer per Definition „ökologisch". In den 1960er-Jahren entstanden alternative Gemeinschaften, die sich als „umweltfreundliche" Mikrodörfer sahen. Nur einige von ihnen haben bis heute überlebt, andere haben sich neu erfunden, und wieder andere, wie ReGen Villages, definieren das gesamte Konzept des Ökodorfs mithilfe von Technologie neu. Wie Comedian Ruby Wax in ihrem Buch „And Now for the Good News" sagte, sollte man diese neue Art von intentionalen Gemeinschaften nicht mit denen aus den 1960er-Jahren verwechseln, wo es hauptsächlich um freie Liebe und das Teilen von Lebensmitteln und Alltagsgegenständen ging (vgl. Wax 2020).

Wax, die die meiste Zeit während der Lockdowns in der legendären Findhorn Community in Schottland verbracht hat, beschreibt den Wandel der Eco Villages: Die alten Kommunen wurden ersetzt durch Gruppen von Gleichgesinnten, die kohlenstofffreie, emissionsfreie und nachhaltige Communitys schaffen wollen. Sie stellt heraus, dass diese neuen Communitys schön und durchdacht gestaltet sind – schlichte Holzhäuser, umgeben von üppigen Blumen- und Gemüsegärten (vgl. ebd.).

Ein für diesen Wandel typisches Projekt ist das Cloughjordan Eco Village in Tipperary, Irland, das über 20.000 neu gepflanzte Bäume und Irlands größtes Fernwärmesystem für erneuerbare Energien verfügt (siehe thevillage.ie). Cloughjordan wurde zu einem der zehn lebenswertesten Orte in Irland gewählt. Weltweit gibt es viele solcher Projekte. Die nächste Entwicklungsstufe des Eco Village könnte das Hightech Eco Village sein. Unternehmen wie ReGen Villages wollen Künstliche Intelligenz und maschinelles Lernen einsetzen, um die Integration von ertragreichen Biolebensmitteln, sauberem Wasser, erneuerbaren Energien und Kreislaufwirtschaft auf Dorf- und Nachbarschaftsebene zu ermöglichen (siehe regenvillages.com). Das erste ReGen Village soll in Almere, eine halbe Stunde entfernt von Amsterdam, entstehen, wo ein Stück Ackerland zu einer neuen Art von Nachbarschaft wird. Geplant sind Vertical Farms sowie traditionelle Fel-

> „Nowadays, the old fashioned commune where an orgy was just another night in has been replaced by a group of like-minded people who want to create a carbon-free, zero-emissions, sustainable community."
>
> Ruby Wax (vgl. Wax 2020)

der und Obstgärten, die die Häuser umgeben und die dort lebenden Menschen mit Lebensmitteln versorgen. Lebensmittelabfälle werden in Fischfutter für die Aquakultur vor Ort umgewandelt. Eine „Village OS"-Technologieplattform, die momentan entwickelt wird, soll Künstliche Intelligenz nutzen, um Systeme für erneuerbare Energien, Lebensmittelproduktion, Wasserversorgung und Abfall zu verwalten. ReGen steht für Regeneration – ReGen Villages sind auf Selbstversorgung ausgelegt, benötigen weit weniger Ressourcen als normale Dörfer oder Vorstädte und könnten in Zukunft benötigten Wohnraum außerhalb größerer Städte schaffen (vgl. Peters 2018).

Village Concierge

In den traditionellen, eng verknüpften Dörfern wusste man, wem man vertrauen konnte und wen man fragen musste, wenn man etwas reparieren wollte, einen Babysitter oder Hilfe bei der Ernte brauchte. In Städten stellt dies eine andere Herausforderung dar. Ein unternehmungslustiges Projekt in Paris ist Lulu dans ma rue (Lulu in meiner Straße). Es ist eine moderne Variante eines Hotel-Concierge-Services – allerdings für die Nachbarschaft. Lulu ist eine Gemeinschaft von Freiwilligen, die gegen ein geringes Entgelt auf Schlüssel aufpassen, mit Hunden Gassi gehen, Dinge reparieren, babysitten und so weiter. Besonders charmant ist die Tatsache, dass es sich nicht nur um ein virtuelles Unternehmen handelt, sondern dass es „echte" Kioske gibt – der erste davon wurde 2015 im Pariser Vorort Saint-Paul eröffnet. Gründer Charles Edouard Vincent erklärt, aus welchem Grund er sein Start-up ins Leben gerufen hat: Die Gesellschaft könne sehr egoistisch sein – Lulus Anliegen dagegen sei es, in jedem Bezirk eine Community von Lulus zu kreieren und so die Nachbarschaft schöner zu gestalten (vgl. Monocle 2015). Die Kiosk-Läden sind auch ein Treffpunkt für die Nachbarschaft – Menschen kommen vorbei, um zu plaudern, den neuesten Klatsch und Tratsch zu erfahren, und natürlich, um Lulu-Dienstleistungen zu buchen. Inzwischen gibt es bereits zehn Kioske, die Organisation hofft darauf, 100 bis 200 Lulus, also Ehrenamtliche, die Dienstleistungen übernehmen, pro Arrondissement zu gewinnen (siehe luludansmarue.org). Lulu dans ma rue hat das Potenzial, eine dorfähnliche Gemeinschaft in vielen Städten auf der ganzen Welt anzustoßen und zu unterstützen. Gründer Vincent ist überzeugt: „Was auch immer passiert, wir werden etwas Menschlichkeit in unseren Alltag gebracht haben, und es ist schön, daran teilzuhaben" (vgl. ebd.).

TANTE EMMA IST WIEDER DA
BEST PRACTICE: EINKAUFSLADEN, TANTE ENSO

Schnell ein paar Sachen um die Ecke einkaufen und noch ein Pläuschchen halten, das ist in einigen kleinen Orten nach vielen Jahren wieder möglich – dank der Tante-Enso-Läden. Die Genossenschaft myenso hat seit 2018 vier Dorfläden eröffnet, zwölf weitere sind in Planung. Ein Tante-Enso-Laden kann als Upgrade des klassischen Tante-Emma-Ladens bezeichnet werden: Für Besitzer einer Enso-Karte ist der Laden rund um die Uhr zugänglich. Damit er aber nicht zu einem Geisterladen wird, ist der Laden an einigen Stunden des Tages mit Personal besetzt, um eine persönliche Bedienung zu ermöglichen. Genossenschaftsmitglieder und Dorfbewohnerinnen können den Dorfladen aktiv mitgestalten.
myenso.de

KLEINES DORF, GROSSES POTENZIAL
BEST PRACTICE: TINY HOUSE VILLAGE LILLEBY

Ab wann ist ein Dorf ein Dorf? Diese Frage stellt sich bei Lilleby, einem Tiny House Village in der Nähe von Hamburg. Die geplanten sieben Tiny Houses sollen einmal ein Dorf bilden, zwei davon stehen bereits. Ein gemeinschaftlich genutzter Raum sorgt für den Dorfcharakter. Die Nutzung der gemeinsamen Räume, beispielsweise des geplanten Co-Working-Spaces, ist bei Erwerb beziehungsweise Miete eines Tiny House inklusive. Langfristig soll die gemeinschaftlich genutzte Fläche um ein Seminarhaus für Veranstaltungen mit Übernachtungsmöglichkeiten erweitert werden. Besonders sympathisch ist der Umstand, dass man mit einem Schienenfahrrad zum Einkaufen in das nächstgrößere Dorf fahren kann. Die Fotovoltaikdächer der beiden bereits gebauten Tiny Houses und die sechs E-Auto-Ladestationen machen Lilleby für Personen, die auf ihren ökologischen Fußabdruck achten, besonders interessant.
lilleby.de

Themenschwerpunkt Lebensqualität

Foto: Simon Caspersen und Space 10

DÖRFLICHE STADT ODER URBANES DORF?

BEST PRACTICE: URBAN VILLAGE PROJECT, IKEA

IKEA will in Kalifornien dem gemeinschaftlichen Zusammenleben in WGs, das nach der Studienzeit oftmals vorbei ist, durch Co-Living wieder eine Chance geben und es auf ein neues Level bringen. Mit dem Urban Village Project werden die drei großen Visionen Sustainability, Affordability und Livability verfolgt, zum Beispiel mit Urban Gardening, der Verwendung von aufbereitetem Wasser und Solarenergie. Ein Teil der Wohnungen ist explizit für Geringverdienende geplant. Das Forschungs- und Designlabor SPACE10 ist gemeinsam mit dem Architektenteam EFFEKT für die Planung dieses Projekts zuständig.

urbanvillageproject.com

FACEBOOK BAUT EIN DORF

BEST PRACTICE: WILLOW VILLAGE, FACEBOOK

Im Belle-Haven-Viertel von Menlo Park plant Facebook sein eigenes Dorf – Willow Village. Innovativ, modern, ökologisch. So wird das Projekt beschrieben und vermarktet. Willow Village ersetzt einen veralteten, 1.000.000 Quadratmeter großen Einweg-Industrie- und Lagerkomplex durch dringend benötigten Wohnraum, Lebensmittelläden, lokale Geschäfte, Restaurants, Büros, öffentliche Parks und Freiflächen für alle. Der nachhaltige Gedanke: Es wird nicht alles neu errichtet. Existierende Gebäude, die Facebook bereits gehören, sollen in die Nachbarschaft eingegliedert werden. Das Besondere ist auch, dass potenzielle Nutzerinnen und Nutzer mittels einer Online-Umfrage eigene Ideen und Wünsche äußern können. Diese sollen anschließend in der Planung berücksichtigt werden. Zentrale genannte Punkte sind beispielsweise die Verkehrsreduktion, ein ausgewogenes Verhältnis von Arbeitsplätzen und Wohnraum und die Einrichtung eines neuen Lebensmittelgeschäfts mit umfassendem Service und Gemeindediensten.

willowvillage.com

Foto: Willow Village

FAZIT

→ Der Begriff Dorf ist zum Synonym für jede Art von enger oder gleichgesinnter Gemeinschaft geworden, sei es in einer Stadt oder auf dem Land oder sogar im Urlaub. Die Zahl der Einwohnerinnen und Einwohner in Dörfern kann von einigen wenigen bis zu mehreren Tausend reichen.

→ Von vielen Immobilienentwicklern wird der Begriff Village als Marketingbegriff für große Quartiersentwicklungen verwendet, unabhängig davon, ob diese Quartiere tatsächlich „dörfliche" Qualitäten besitzen.

→ Mit dem Aufkommen der sogenannten Zoom-Towns – Communitys aus Menschen, die aus der Großstadt in kleinere Städte ziehen, um dort im Hoffice zu arbeiten – werden wir wahrscheinlich einen Anstieg der Zoom-Dörfer mit Co-Working-Spaces erleben.

→ Die künstliche Nachbildung und der Versuch, die Werte eines organisch gewachsenen Dorfes von Grund auf neu aufzubauen, ist eine Herausforderung für die Architektinnen und Stadtplaner der Zukunft.

→ Soziale Medien und Online-Plattformen werden helfen, Dörfer zusammenzubringen und zusammenzuhalten oder dorfähnliche Strukturen in Städten herzustellen.

Alle Themen und Trends der Home Reports in der Übersicht

2019

Die erste Ausgabe des Home Reports wirft einen kritischen Blick auf die Veränderungen unserer Wohn- und Lebensräume und ihre Auswirkungen auf Wirtschaft und Gesellschaft. Oona Horx-Strathern benennt die wichtigsten Wohn- und Designtrends und präsentiert zukunftstaugliche Lösungen, um Wohnraum wieder leistbarer zu machen.

WOHNTRENDS 2019
→ **Scandi Secret** – Von den glücklichsten Nationen der Welt lernen
→ **Branded Architecture** – Call me by my name
→ **Craftwork** – Der ästhetische Gegenpol zum Digitalen
→ **Home Staging** – Das private Heim wird zur Bühne
→ **Inside-out Design** – Outdoor ist das neue Indoor

HOME HEROES
Überblick über inspirierende Architektinnen, Planer und Designerinnen und deren innovative Ideen und zukunftsorientierten Projekte

BRANCHEN-INSIGHT BAUEN
→ **Social Housing** – Bezahlbares Wohnen neu definiert
→ **Precrafted Buildings** – Vorgestaltete statt vorgefertigte Häuser
→ **Neuroarchitektur** – Ein Ansatz zum „kognitiven Bauen"

THEMENSCHWERPUNKT WOHNEN
→ **Temporary Living** – Das Zuhause der „Anywheres"
→ **Progressive Provinz** – Wie wir in Zukunft sowohl urban als auch ländlich leben werden
→ **Digital Viagra & Smart Home** – Warum wir uns ein achtsames Zuhause wünschen

2020

Gesundheit als Treiber für die Baubranche, clevere Stadtplanung gegen Vereinsamung und neue Konzepte gegen den urbanen Wohnraummangel sind die wichtigen Themen im Home Report 2020. Außerdem beobachtet die Autorin die Trendphänomene McLiving und Tidyism und nimmt die Leserinnen und Leser mit auf eine sensorische Stadttour.

WOHNTRENDS 2020
→ **Vertical Village** – Neue urbane Dorfgemeinschaften
→ **Tidyism** – Besser leben in Ordnung
→ **McLiving** – Wohnen nach dem Fast-Food-Prinzip

TRENDWÖRTERBUCH
Eine kleine Sammlung von Begriffen und Trends rund ums Wohnen

FACTS & FIGURES WOHNEN UND BAUEN
Baugewerbe boomt
Wohnraum im Wandel
Tidyism: Umgang mit unseren Besitztümern

BRANCHEN-INSIGHT BAUEN
→ **Healthcare Architecture** – Heilende Gebäude statt Krankenhäuser
→ **Indoor Air Care** – Bessere Luft in Innenräumen

THEMENSCHWERPUNKT URBAN LIVING
→ **Senses and the City** – Wie unsere Sinne über die Lebensqualität eines Ortes bestimmen
→ **Disconnection in the Connected Society** – Verbindungen schaffen gegen die urbane Einsamkeit

Übersicht

2021

Im Home Report 2021 blickt die Expertin vom Krisenjahr in die Zukunft des Wohnens und zeigt auf, wie dieser kollektive Schock unser aller Verständnis eines guten Zuhauses verändert hat – und warum Städte langfristig resilienter gestaltet werden müssen. Sie versteht die Krisenerfahrung als Fast-Forward-Button für die Umsetzung von Visionen in die Realität.

WOHNTRENDS 2021
→ **Hoffice** – Die Verschmelzung von Zuhause und Büro
→ **Romancing the Balcony** – Das Revival von Balkon und Terrasse
→ **Home Suite Home** – Das Hotel-Feeling nach Hause holen

TRENDWÖRTERBUCH
Eine kleine Sammlung von Begriffen und Trends rund ums Wohnen

FACTS & FIGURES WOHNEN UND BAUEN
Baugewerbe in der Krise
Home-Office
Frauen in Architektur und Bauberufen
Resiliente Städte

BRANCHEN-INSIGHTS
→ **Modulares Bauen** – Modularity Means More: Modular und flexibel Krisen meistern
→ **Building Equality** – Frauen in der Bau- und Architekturbranche

THEMENSCHWERPUNKTE
→ **Die resiliente Stadt** – Krisenfest durch Co-Immunity, Hyper-Localism und Slow Mobility
→ **Housing plus** – Alternative Wohnmodelle der Zukunft
→ **Hero Materials** – Der Stoff, aus dem Zukunft gemacht wird

2022

Zum vierten Mal präsentiert die Wohnexpertin im Home Report die wichtigsten Wohntrends und aktuellsten Entwicklungen der Branche. Der Home Report 2022 zeigt auf, wie die Auswirkungen der Coronapandemie unser Zuhause langfristig verändern, dass auch in der Baubranche Nachhaltigkeit immer wichtiger wird und wieso wir mehr Playfulness in unseren Städten und unserem Alltag brauchen.

WOHNTRENDS 2022
→ **Modulare Möbel** – Flexibilisierung der Einrichtung
→ **Conscious Kitchen** – Küche als achtsame Unterstützung im Alltag
→ **FurNEARture** – Lokal produzierte Möbel aus regionalen Materialien

TRENDWÖRTERBUCH
Eine kleine Sammlung von Begriffen und Trends rund ums Wohnen

FACTS & FIGURES WOHNEN UND BAUEN
Zukunftsmaterial Holz
Küche im Mittelpunkt
Kreislaufwirtschaft im Baugewerbe
Spielerische Zukunftsräume in der Stadt
Lebensqualität zwischen Stadt und Land

BRANCHEN-INSIGHT NACHHALTIGES BAUEN
→ **Circular Building** – Eckpfeiler des zirkulären Bauens
→ **Age of Timber** – Zukunftsmaterial Holz
→ **Certification Club** – Die „Alice im Wunderland"-Challenge

THEMENSCHWERPUNKT LEBENSQUALITÄT
→ **Playful Principle** – Spielerische Stadt- und Raumkonzepte
→ **Comeback des Dorfes** – Alte Strukturen für neue Gemeinschaften

Literaturverzeichnis

Adams, Tim (2021): Thomas Heatherwick: ‚The City Will Be a New Kind of Space'. In: theguardian.com, 25.04.2021

Beermann, Claire (2021): Pierre Yovanovitch. Der Eigensinnige. In: zeit.de, 31.03.2021

Bettzieche, Jochen (2021): Wenn das Holz plötzlich knapp wird. In: sueddeutsche.de, 21.05.2021

Block, India (2019): Mjøstårnet in Norway Becomes World's Tallest Timber Tower. In: dezeen.com, 19.03.2019

Block, India (2020): Arup Designs Parklets to Help Liverpool's Restaurants Reopen During Social Distancing Measures. In: dezeen.com, 02.07.2020

BMEL (2020): Ernährungsreport 2020. Ernährung in der Coronakrise

Burt, Kate (2020): Are These the Interior Trends Coming Our Way in 2021? In: houzz.co.uk, 30.11.2020

Cartner-Morley, Jess (2021): ‚Clients Want Us to Clean the Air': How the Pandemic Took Hygiene to a Whole New Level. In: theguardian.com, 24.04.2021

Cermak, Chris (2021): Building Societies. In: Monocle 141, März 2021

Cichosch, Katharina (2019): Aufpoliert. Schutt wird zu Terrazzo. In: spiegel.de, 10.03.2019

Corner, Jacob (2021): UK Legislation Update: Green Claims Must Be Substainted by September 2021. In: positiveluxury.com, 06.07.2021

Czaja, Wojciech (2021a): Residences. Wie richtet man sich auf kleinster Fläche ein? In: falstaff.at, 08.08.2021

Czaja, Wojciech (2021b): Living Salon: Wie sieht das perfekte Home Office aus? In: Falstaff Living 4/2021

Doherty, Ruth (2019): Best Sustainable Furniture Brands: From Reclaimed Wood to Locally-sourced Materials, the Best Eco-friendly Furniture in the UK and Beyond. In: standard.co.uk, 19.07.2019

Dunmall, Giovanna (2015): Getting High (on Wood). In: architonic.com, 19.05.2015

Ehbrecht, Matthias (2021): Wohnen im Alter. Das gesteckte Ziel übertreffen. In: CAR€ Invest 13/14, 18.06.2021

Elan, Priya (2021): Ikea Goes Glam Rock with Zandra Rhodes Collaboration. In: theguardian.com, 24.08.2021

Fairs, Marcus (2021a): Mycelium Is ‚Part of the Solution' to Carbon-Negative Buildings. In: dezeen.com, 25.06.2021

Fairs, Marcus (2021b): ‚One Tonne of Olivine Sand Can Take in up to One Tonne of CO_2' Says Teresa van Dongen. In: dezeen.com, 15.06.2021

Gates, Bill (2021): How to Avoid a Climate Disaster: The Solutions We Have and the Breakthroughs We Need. New York

Giles, Noam (2021): Meeting of Minds. In: The Entrepreneurs, 04/2021

Global Alliance for Buildings and Construction (2020): 2020 Global Status Report for Buildings and Construction

Gram, Manfred (2021a): Volles Bewusstsein. Falstaff Living 1/2021

Gram, Manfred (2021b): Breaking News: Drei Experten verraten die Wohntrends 2021. In: falstaff.de, 06.02.2021

Gray, Audrey (2019): A Great Carbon Reckoning Comes to Architecture. In: globalpossibilities.org, 09.12.2019

Green, Michael (2013): Why We Should Build Wooden Skyscrapers. Ted Talk, 09.07.2013. In: youtube.com/watch?v=Xi_PD5aZT7Q, zuletzt abgerufen am 03.08.2021

Grohe (2021): New Hygiene Demands Put Spotlight on Innovative Bathroom and Kitchen Concepts. In: grohe-x.com, 16.03.2021

Hahn, Jennifer (2021): ‚We're taking CO_2 out of the System' Says Carbon-Capturing Concrete Maker Carbicrete. In: dezeen.com, 15.06.2021

Hanimann, Joseph (2017): Palast der Utopien. In: sueddeutsche.de, 27.08.2017

Heuer Dialog GmbH (2021): Future Real Estate Cradle to Cradle – Bauen für die Circular Economy. In: detail.de, 10.03.2021

Heuman, Beata (2021): Every Room Should Sing. New York

H.O.M.E. Magazine (2021): Die Design-Genies. 04/2021

Innovations- und Technologietransfer Salzburg GmbH (2020): Aus einem alten Haus ein neues bauen. In: itg-salzburg.at, 15.12.2020

Interstuhl (2020): Worldwide Office Trends. Why the World of Work Will Be Different but Better Following the Pandemic. In: interstuhl.com, 13.08.2020

Kelly, Chris (2021): ‚Post-Truth' Climate Impacts Gen Z's Conflicting Brand Perceptions, Forrester Says. In: marketingdive.com, 20.01.2021

Kinnarps (2021): Redefining the Workplace. Arbeitswelten neu gedacht. White Paper. In: kinnarps.com, 02.2021

Krämer, Steffen (2011): Terry Gilliams ‚Brazil' – Soziale Utopie und politische Dystopie in der Science-Fiction-Stadt. In: Hofmann, Wilhelm (Hrg.): Stadt als Erfahrungsraum der Politik, Berlin 2011, S. 261–279

Kropf, Robert (2021): Rückkehr in die Mikro-Heimat. In: #WIEN – Das Wohnmarktmagazin, Ausgabe 2021

Krotoski, Alex (2021): Novelty. In: Digital Human Podcast BBC Radio. bbc.co.uk/programmes/m000t40f, 15.03.2021

Leeb, Franziska (2021): Neue Dorfmitte im Waldviertel. In: architektur.aktuell, No. 493, 4.2021

Linner, Albert (2019): 7 Gründe, warum Holz der Baustoff der Zukunft ist. In: wohnglueck.de, 18.10.2019

Lippke, Bruce / Oneil, Elaine / Harrison, Rob / Skog, Kenneth / Gustavsson, Leif und Sathre, Roger (2011): Wood Products Reduce Carbon Dioxide Emission Levels. Carbon Management 2011, 3, S. 303–333

Livee (2021): Tiny House Marktstudie 2021. In: livee-house.com

Maak, Niklas (2020): Eurodrive: Repopulation Utopia. In: Koolhaas, Rem (Hg.): Countryside, a Report. Köln

Mann, Sandi (2016): The Science of Boredom: The Upside (and Downside) of Downtime. London

Mehl, Robert (2019): 165.312 Schrauben auf dem Konto: Materialbank in Zeist/NL. In: structure-magazin.de, 26.11.2019

Meßner, Sonja (2021): Potenzial von Recyclingbeton heben. In: handwerkundbau.at, 14.04.2021

Monbiot, George (2021): Seaspiracy Shows Why We Must Treat Fish Not as Seafood, but as Wildlife. In: theguardian.com, 07.04.2021

Monocle (2015): Here to help. City Heroes/Global. In: Monocle 85, August 2015

Müller, Katharina (2019): Betreutes Wohnen im Tiny House: In Bayern entsteht einzigartiges Projekt. In: focus.de, 31.12.2019

Naughton, Carl (2020): Wie Neugier hilft, aus der Krise die Chance zu machen. In: linkedin.com, 08.07.2020

Ogundehin, Michelle (2020): In the Future Home, Form Will Follow Infection. In: dezeen.com, 04.06.2020

Österreichischer Wirtschaftsverlag GmbH (2021): Dämmstoff-Kreislaufprojekt. In: Dach Wand 02/2021

Packer, George (2020): America's Plastic Hour Is Upon Us. In: theatlantic.com, 10.2020

Pellegrin, Bertrand (2012): Collectors Give '80s Postmodernist Design 2nd Look. In: sfgate.com, 15.01.2012

Perel, Esther (o.D.): Letters from Esther #22: Small Talk. In: estherperel.com

Peters, Adele (2018): The World's First ‚High-Tech Eco Village' Will Reinvent Suburbs. In: fastcompany.com, 26.07.2018

proHolz Austria (2021): Alle 40 Sekunden wächst ein Haus nach. In: holzistgenial.at, 05.08.2021

Prüfer, Tillmann (2021): „Ein kleiner Akzent mit Rot tut fast jedem Raum gut". Interview mit Beata Heuman. In: zeit.de, 06.04.2021

Puchleitner, Klaus (2020): Großes Glück im kleinen Haus: Tiny Houses als neuer Wohntrend. In: kurier.at, 22.03.2020

Ravenscroft, Tom (2020): BIG and Toyota Reveal City of the Future at Base of Mount Fuji in Japan. In: dezeen.com, 07.01.2020
Ravenscroft, Tom (2021): Fully Transparent Sky Pool Provides ‚a Swim Like No Other' Between Two Housing Blocks in London. In: dezeen.com, 04.06.2021
Rybczynski, Witold (1986): Home: A Short History of an Idea. New York
Sigmund, Bettina (2019): Mehr.WERT.Pavillon aus Recycling-Materialien. In: detail.de, 07.05.2019
solid UNIT (2021): Bauen ist nicht das Problem, Bauen ist die Lösung. Mitgliederversammlung in Ostfildern. In: solid-unit.de, 11.06.2021
Statistisches Bundesamt (2021): Beschäftigte und Umsatz der Betriebe im Verarbeitenden Gewerbe: Deutschland, Jahre, Wirtschaftszweige. In: destatis.de, 09.09.2021
Stoyanov, Anton (2020): Free Trees on Offer at Copenhagen Municipality. In: themayor.eu, 28.10.2020
TIME (2021): Climate Is Everything. In: TIME, Vol 197/15, 26.04.2021
Tuck, Andrew (2020): New Kids on the Block. How We Live/Urban Planning. In: monocle.com, 05.09.2020
Tuck, Andrew (2021): The Quest for Perfection. In: Monocle's Urbanist Podcast. monocle.com/radio/shows/the-urbanist/491/, 11.03.2021
Von der Leyen, Ursula (2020): Wir brauchen ein neues Europäisches Bauhaus. In: faz.net, 07.10.2020
Wainwright, Oliver (2020): ‚This Is the Everest of Zero Carbon' – Inside York's Green Home Revolution. In: theguardian.com, 04.10.2020
Wainwright, Oliver (2021): ‚An Architectural Fashion Show': Greenwich Peninsula's Design District. In: theguardian.com, 02.06.2021
Wax, Ruby (2020): And Now for the Good News ... to the Future with Love. London
White, Gavin (2015): World's Tallest CLT Structure of Its Kind Underway. In: ramboll.com, 22.07.2015
Wilson, Edward O. (1984): Biophilia. Cambridge
Witsch, Kathrin (2020): Klimakiller Beton: So will die deutsche Zementindustrie CO_2-neutral werden. In: handelsblatt.com, 25.11.2020
Zettel, Barbara (2021): Bauteilernte aus der Region: Recyclinghaus in Hannover. In: detail.de, 15.06.2021
Zukunftsinstitut (Hg.) (2017): Die Zukunft des Holzbaus. CLT – Cross Laminated Timber. Eine Studie über Veränderungen, Trends und Technologien von Morgen. Wien
Zukunftsinstitut (Hg.) (2018): Home Report 2019. Frankfurt am Main
Zukunftsinstitut (Hg.) (2019a): Food Report 2020. Frankfurt am Main
Zukunftsinstitut (Hg.) (2019b): Home Report 2020. Frankfurt am Main
Zukunftsinstitut (Hg.) (2020): Home Report 2021. Frankfurt am Main

zukunfts**Institut**

Über das Zukunftsinstitut

Das Zukunftsinstitut wurde 1998 gegründet und hat die Trend- und Zukunftsforschung von Anfang an maßgeblich geprägt. Heute gilt das Unternehmen als international führender Ansprechpartner bei Fragen zur Entwicklung von Wirtschaft und Gesellschaft.

UNSER AUFTRAG

Wir treten mit dem Auftrag an, den gesellschaftlichen und wirtschaftlichen Wandel in seinen Mustern zu erkennen und zu beschreiben. Unsere Analysen und Erkenntnisse teilen wir in unseren Publikationen, Vorträgen und Events. Strategische Entscheider und Entscheiderinnen begleiten wir mit unseren Beratungsformaten.

UNSER ZIEL

Ziel unserer Arbeit ist es, die Orientierung und Business-Intelligenz unserer Kundinnen und Kunden zu schärfen. Das schafft Raum für neue, zukunftsweisende Strategien, wirtschaftliche Transformation und Innovation. Wir verstehen uns als Sparringspartner, der einen differenzierten Blick auf Zukunftsfragen mitbringt, um neues Denken zu ermöglichen.

UNSERE GRUNDSÄTZE

Als Netzwerk aus Experten und Forscherinnen unterschiedlicher Disziplinen arbeiten wir mit fundierten Methoden und verfügen über umfassende strategische Insights. Bei all dem liegt uns besonders am Herzen: Wir sind kritische Zukunftsoptimisten und -optimistinnen und überzeugt, dass die Zukunft ein Gestaltungsraum ist – unsere Chance.

UNSER PRODUKTPORTFOLIO

Beratung
- → Future Room – der strategische Beratungsansatz des Zukunftsinstituts
- → Trend- & Innovationsberatung – Inhalte, Tools und Methoden für die besten Entwicklungsprozesse

Publikationen
- → Trendstudien, Branchen-Reports, Praxis-Guides, Workbooks, Lebensstile- und Megatrend-Dokumentation
- → Individuelle Auftragsstudien, Trend-Dossiers, Trend-Guides

Expert Publishing
- → Maßgeschneiderte Publikationen mit größtmöglicher Wirksamkeit – für Unternehmer und Unternehmen

Events, Trainings und Vorträge
- → Future Day – Zukunftskongresse für Entscheider, Trainings, Managed Events, Rednerinnen und Redner

Mitgliedschaft
- → Future Circle – ganz vorn sein mit exklusivem Zugang zu allen Publikationen, multimedialen und interaktiven Inhalten, spezifischem Know-how und einzigartigen Veranstaltungen

zukunftsinstitut.de/unser-angebot

zukunftsinstitut.de